新疆区域物流发展概述

阿布都伟力·买合普拉 ◎ 著

XINJIANGQUYU
WULIUFAZHANGAISHU

·北京·

图书在版编目（CIP）数据

新疆区域物流发展概述／阿布都伟力·买合普拉著. --北京：中国经济出版社，2023.10
ISBN 978-7-5136-7590-1

Ⅰ.①新… Ⅱ.①阿… Ⅲ.①物流-经济发展-研究-新疆 Ⅳ.①F259.274.5

中国国家版本馆 CIP 数据核字（2023）第 228623 号

责任编辑	陈　瑞
责任印制	马小宾
封面设计	任燕飞

出版发行	中国经济出版社
印 刷 者	北京艾普海德印刷有限公司
经 销 者	各地新华书店
开　　本	710mm×1000mm　1/16
印　　张	14.5
字　　数	215 千字
版　　次	2023 年 10 月第 1 版
印　　次	2023 年 10 月第 1 次
定　　价	79.00 元

广告经营许可证　京西工商广字第 8179 号

中国经济出版社　网址 www.economyph.com　社址 北京市东城区安定门外大街 58 号　邮编 100011
本版图书如存在印装质量问题，请与本社销售中心联系调换（联系电话：010-57512564）

版权所有　盗版必究（举报电话：010-57512600）
国家版权局反盗版举报中心（举报电话：12390）　　服务热线：010-57512564

前　言

区域物流是一般物流活动的区域性表现，是在一定的经济地理空间范围内，以促进社会经济最佳发展为目标，依托制度、规划、案例研究和市场空间效率而形成的，具有一定系统空间表现特征的宏观物流活动。①

新疆地处亚欧经济走廊的地理中心区域，是典型的亚欧大陆中轴腹地，一直扮演着亚欧陆运的"十字路口"角色。这是由它独特的地理位置决定的。新疆又是中国连接欧洲大市场的最前沿陆地对接板块，具有十分广阔的区域面积和内陆腹地经济发展特征。在传统中欧物流通道建设中，新疆一直在发挥关键的核心支点作用，也是传统亚欧大陆桥的重点支撑区域之一。

在历史上，新疆是古丝绸之路的要道。古丝绸之路实质上是基于中西商贸往来的洲际物流大通道，物流是古丝绸之路兴起的重要产业载体和支撑。历史上的古丝绸之路物流很大程度上是由东西方国家和地区之间商贸往来需求促动而形成，对当时的世界经济的发展和东西方文化交流做出过重要贡献。我国西部陕西、甘肃、青海、宁夏、新疆五省（区）曾是古丝绸之路东段的起点和节点区域，至今仍保留着深厚的丝绸之路历史文化特征。15 世纪至 16 世纪，全球海路的开通使得世界贸易的重心从丝绸之路沿线转变到海路沿线国家和地区。随着时间的推移，古丝绸之路失去了昔日的繁华，沿线地区也由此逐渐演变为相对封

---

① 阿布都伟力·买合普拉. 区域物流研究——基础理论和综述 [M]. 乌鲁木齐：新疆大学出版社，2014.

闭落后的内陆地区。

改革开放以来，新疆成为向西开放的桥头堡，成为第二亚欧大陆桥的骨干通道。1990年第二亚欧大陆桥的开通，依托铁路重新打通了丝绸之路贸易通道。从此，火车可以从中国的连云港开出，驶过中州大地、八百里秦川、河西走廊、天山南北，从中国出境后，跨越哈萨克草原、俄罗斯大地和东欧平原，到达荷兰的鹿特丹港，里程达1.097万公里。第二亚欧大陆桥的开通，为复兴古丝绸之路打造了崭新的平台，由此，长期处于封闭状态的丝绸之路获得了重新焕发的机会。新亚欧大陆桥是新疆连接国内大市场和欧洲大市场的重大通道载体之一。该通道由我国沿海的连云港起步，经崔欣铁路和兰新铁路进入新疆，再沿新疆北部铁路线延伸到阿拉山口口岸出境，最终通往欧洲。在全国层面，要做大做强亚洲和欧洲的陆上经贸合作支撑平台，就需要率先做大做强最靠近欧洲市场的区域边界，即新疆区域经济体系。更加欣慰的是，新疆刚好在地理上处于亚欧大陆桥的内陆腹地区域，最具交通枢纽优势和亚欧区域融合对接点优势。

"一带一路"倡议提出后，新疆成为丝绸之路经济带的核心区。2015年3月28日，国家发展改革委、外交部、商务部联合发布的《推动共建丝绸之路经济带和21世纪海上丝绸之路的愿景与行动》中明确提出，推进"一带一路"建设，加强东中西互动合作，发挥新疆独特的区位优势和向西开放的重要窗口作用，深化与中亚、南亚、西亚等国家和地区的交流合作，形成丝绸之路经济带上重要的交通枢纽、商贸物流和文化科教中心，打造丝绸之路经济带核心区。"一带一路"倡议提出后，新疆的战略区位优势更加明显，是丝绸之路经济带北、中、南三条大通道的交会之地，成为连通中欧两大经济圈的重要枢纽。

我自考入中国科学院攻读博士学位开始，着重从事新疆区域物流的发展研究。先是在导师杨德刚先生的资助下于2013年出版了博士论文《新疆南疆地区物流节点评价与网络空间布局研究》。后续按照读博士学习期间的计划，于2014年9月出版了学术性著作《区域物流研究——基础理论和综述》。这是我从事科研工作以来，首次围绕物流地理学的基础理论体系进行的一个理论研究尝试。该书的重点学术目标是确定区域物流的概念以及该学科的基础理论框架。我在新疆社会科学院农村发展研究所从事科研工作期间，继续从事了新疆物流产业发展层面的应用研究，曾主持过"新疆物流产业发展战略研究""塔里木盆地区域性物流节点选址研究""丝绸之路经济带背景下新疆区域物流系统优化路径研究""丝绸之路经济带背景下中哈边境合作中心物流运行模式研究""中巴经济走廊物流通道建设战略研究"等一系列课题。2015年4月，我被荣幸地推荐成为新疆维吾尔自治区人民政府第五届专家顾问团区域发展组的专家顾问。后来，在自治区专家顾问团的资助下，又从事了"新疆构建一元化物流管理体制研究""丝绸之路经济带背景下新疆商贸物流中心建设路径研究""第二条进出疆大通道物流体系建设路径研究"等课题研究。2015—2017年底的三年时间是我从事区域物流研究的黄金时间段，一个重要标志是我有幸参与了新疆南部物流腹地巴音郭楞蒙古自治州（以下简称巴州）区域物流研究以及库尔勒市、若羌县等重点节点县（市）的产业规划研究。如果说新疆是亚欧物流的"十字路口"，那么巴州刚好位于新疆的经济地理中心区域，是物流产业经济相对成熟的一个区域。近三年研究，使我能够有效地结合物流地理、区域物流的理论研究与特定实证区域物流产业的实际运作研究。当时，我和研究团队几乎走遍了巴州的周边区域，尤其是实地调研了被称为第二条进出疆大通道的库尔勒—格尔木铁路的沿线省（区、市）及其各类产业园区，获得了大量的一手经济地理资料，深刻体验了一名社会科学工作者的田野调查工作模式。

其间，我多次参加自治区发展和改革委员会及自治区商务厅组织的、由国家发展和改革委员会综合运输研究所及商务部研究院编制的《丝绸之路经济带核心区商贸物流中心建设规划（2016—2030年）》《新疆商贸物流业发展规划（2015—2020年）》等重要规划的阶段性征求意见评审工作。后来，光荣地参与了为期三年的和田县驻村工作。

2021年3月底，结束驻村工作，我回到新疆社会科学院的工作岗位上，开始重新思考新疆的区域物流发展问题。

本书是我多年对新疆区域物流发展问题的一个研究成果，其中重点梳理了新疆区域物流发展相关的理论问题、宏观政策环境、新疆自身资源条件、物流产业的空间布局特征以及物流产业市场主体的基本市场运行特征等问题，并对新疆区域物流的发展阶段特征进行了初步归纳和总结。最后，根据新疆区域物流发展面临的形势、产业发展和社会物流需求，结合自治区的相关物流产业规划，讨论了新疆区域物流的建设目标、建设任务、建设工程等问题。

本书自始至终渗透了我对新疆区域物流问题的一些理论思考和结构性设想，也是对具体科研工作中形成的研究的一次梳理。有时产业逻辑的实践变化可能更快，甚至突破理论逻辑的进度，因此，本书难免有众多不足之处，望读者见谅。如果书中的内容能给读者带来一丝启发，哪怕读者从一句表述中找到一个思路，那是令我欣慰的一件事。

2023 年 6 月 10 日

目 录

第一章 区域物流基础理论 ………………………………………… 001

　　第一节　区域物流系统及要素构成 ……………………………… 003
　　第二节　区域物流的空间组织结构 ……………………………… 007
　　第三节　区域性物流节点的空间表现形式与基本模式 ………… 012

第二章 新疆经济地理概述 …………………………………………… 019

　　第一节　新疆资源环境条件分析 ………………………………… 021
　　第二节　新疆宏观经济发展现状分析 …………………………… 024
　　第三节　内陆区域经济发展特征 ………………………………… 029

第三章 丝绸之路经济带商贸物流发展框架及建设目标 ………… 033

　　第一节　现代物流在丝绸之路经济带建设中的地位和作用 …… 036
　　第二节　丝绸之路经济带商贸物流发展框架 …………………… 038
　　第三节　丝绸之路经济带商贸物流建设目标 …………………… 044

第四章 新疆区域物流发展政策背景 ……………………………… 055

　　第一节　国家"十四五"流通体系规划发展要求 ……………… 057
　　第二节　国家"十四五"物流规划发展要求 …………………… 064
　　第三节　新疆"十四五"物流规划发展要求 …………………… 068

第五章 新疆区域物流发展现状 …………………………………… 071

　　第一节　新疆区域物流基础设施建设现状 ……………………… 073

第二节　新疆物流产业发展现状 …………………………… 084

第三节　新疆物流市场主体发展现状 ………………………… 095

第四节　新疆物流业管理环境建设现状 ……………………… 098

第六章　新疆区域物流发展阶段评价及特征 …………………… 117

第一节　发展阶段 ……………………………………………… 119

第二节　发展亮点 ……………………………………………… 122

第三节　制约因素及问题 ……………………………………… 124

第七章　新疆区域物流发展需求与展望 ………………………… 129

第一节　区域物流发展总体要求 ……………………………… 132

第二节　产业需求 ……………………………………………… 135

第三节　展望 …………………………………………………… 140

第八章　新疆区域物流业发展面临的形势 ……………………… 145

第一节　国内"大循环"、国内国际"双循环"发展形势 ……… 148

第二节　丝绸之路经济带核心区建设形势 …………………… 150

第三节　新疆区域经济高质量发展形势 ……………………… 152

第四节　流通产业现代化发展形势 …………………………… 154

第九章　新疆区域物流发展的定位、目标与路径 ……………… 157

第一节　新疆区域物流发展的基本定位 ……………………… 159

第二节　新疆区域物流发展的基本目标 ……………………… 161

第三节　新疆区域物流发展的基本路径 ……………………… 163

第十章　新疆区域物流体系建设的空间布局 …………………… 167

第一节　新疆区域物流体系建设的总体布局 ………………… 169

第二节　区域物流通道总体布局 ……………………………… 170

第三节　枢纽城市布局 ………………………………………… 172

第十一章　新疆区域物流体系建设的重点任务 …… 179

　　第一节　着力构建综合物流大通道 …… 181

　　第二节　统筹建设物流节点网络体系 …… 185

　　第三节　构建紧密连接的多式联运系统 …… 186

　　第四节　积极推进重点行业物流发展 …… 188

　　第五节　加快培育物流企业群体 …… 191

第十二章　新疆区域物流体系建设的重点工程 …… 193

　　第一节　物流标准化工程 …… 196

　　第二节　区域物流联动工程 …… 199

　　第三节　农产品溯源体系工程 …… 203

　　第四节　物流国际化工程 …… 206

　　第五节　物流信息公共平台工程 …… 208

第十三章　新疆区域物流体系建设的保障措施 …… 211

　　第一节　组织保障 …… 214

　　第二节　综合政策保障 …… 216

　　第三节　改革保障 …… 220

第一章

区域物流基础理论

物流涉及全部社会产品的运动过程，涉及第一、第二、第三产业及全部社会再生产过程，是一个庞大而复杂的领域。从社会再生产的角度看，凡是转化为商品的工农业产品都需要通过物流实现资源配置。所有的工农业产品除加工、生产和消费期间外，几乎都处于物流过程之中。国民经济各领域的物流互动在横向上构成了物流产业，这个产业以铁路、公路、水运、空运、仓储、托运等行业为主体，同时还包含商业、物资、供销、外贸等行业的一些领域，涉及国民经济所有行业的供应、生产、销售活动中的物流活动。若按国民经济现行的分类管理办法，物流应作为服务业——第三产业的重要组成部分。区域物流贯穿社会物资的生产、分配、交换、流通一直到消费、废弃的全过程，包括运输、储存、包装、搬运装卸、流通加工、配送、信息处理等诸多环节。

区域物流是一般物流活动的区域性表现，在一定的经济地理空间范围内，以促进社会经济最佳发展为目标，依托制度、规划、案例研究和市场空间效率而形成的，具有一定系统空间表现特征的宏观物流活动。①

第一节 区域物流系统及要素构成

一、区域物流系统概念

系统是普遍存在的，从基本粒子到河外星系，从人类社会到人的思

---

① 阿布都伟力·买合普拉. 区域物流研究——基础理论和综述 [M]. 乌鲁木齐：新疆大学出版社，2014.

维,从无机界到有机界,从自然科学到社会科学,系统无所不在。系统论认为,系统是由若干要素结合而成的、具有特定功能的有机整体,它不断地同外界进行物质和能量的交换而维持一种稳定、有序的状态。

区域物流系统是区域社会经济大系统的一个子系统或组成部分。区域物流系统完全具备一般系统的条件,有自己的运动规律和发展阶段。物流系统是指在一定的时间和空间里,将其所从事的物流事务和全过程作为一个整体处理,以实现其空间和时间的经济效益。区域物流系统是指在一定的地理区域范围内,物流活动所需的基础设施、物质资料、物流主体等要素相互联系、相互制约的有机整体。

二、区域物流系统构成要素

区域物流系统是由区域物流各要素组成的,各要素之间存在有机联系并具有使物流总体合理化功能的综合体。区域物流的结构是多层次、多维度的,其基本要素包括物流主体(政府、企业及服务组织)、物流客体(物流对象)和物流载体(物流基础设施等),而物流主体、物流客体和物流载体又各有其完整的结构体系,每一种要素都表现出各自不同的功能,从而形成区域物流的整体功能。所以,可以认为,区域物流是空间范围建立在区域基础之上的一种宏观物流。

基础平台系统。区域物流基础平台系统在区域物流系统中起支撑作用。区域物流基础平台是物流服务的承担方,为支撑区域物流活动高效运行提供了基础条件。区域物流基础平台是在区域物流整体服务功能上和某些环节上,满足物流组织与管理需要的、具有综合或单一功能的物流基础平台系统,包括公路、铁路、港口、机场、物流园区、物流中心、配送中心、仓库、堆场、货运场站等基础平台,也影响着第一、第二和第三产业中物流需求主体的物流外包决策,进而影响物流专业化和市场化的进程。物流基础设施是区域物流正常运行的必要条件和平台,包括线状设施和点状设施等。物流系统的物质基础要素是保证物流活动有效、协调运行的基础条件。①

运营组织系统。区域物流运营组织系统包括直接参与或专门为物流市场提供物流（运输、仓储、转运、装卸搬运、配送、流通加工、组织管理等）服务的物流组织，包括第三方物流企业、运输企业、仓储企业等。物流运营组织是供应链物流渠道起点和终点的连接者，在整个物流活动过程中起着主导和决定性作用。这些企业可为本区域、中心城市、跨区域或国际物流市场提供综合物流服务、专业化物流服务或功能性的物流服务，从而形成多层次、多功能、不同主体的现代物流运营群体，即区域物流供给主体、区域物流需求主体、物流信息运营商主体、区域物流产业集群。区域物流运营主体在空间分布上具有相对集中或分散的组织特征，它们集聚货流、衔接物流作业环节，因而，其组织运作水平决定了区域物流的服务质量，其专业化发展程度直接影响着区域物流的运行效率。

供求载体系统。区域物流供求载体系统由物流对象、区域资源条件、社会物流需求与供给、生产流通消费环节中的产业运行、物流活动在区域经济社会环境背景下的产业或者行业循环系统、各类物流互动的表现形式等诸多要素构成，即区域物流客体、区域资源条件、产业部门供求条件、社会生产循环系统或市场系统。区域物流供求载体系统的功能包括：依托市场机制，协调社会物流供求关系；通过输入、输出功能，与社会经济系统实现衔接；维持区域性物流活动的可持续发展；促进宏观物流的合理化。

宏观环境系统。区域物流宏观环境是对区域物流供给主体和需求主体产生影响作用的环境主体集合，主要包括政府管理主体、中介服务主体、知识支持主体。区域物流宏观环境系统对物流供需主体有不同影响，对物流供需主体的经营活动具有直接、具体的支配力和影响力，主要功能有：体制、制度功能；法律、规章功能；命令功能；标准化系统功能；产业政

---

① 阿布都伟力·买合普拉. 区域物流研究——基础理论和综述 [M]. 乌鲁木齐：新疆大学出版社，2014.

策功能。区域物流宏观环境系统是物流系统的体制层,体制层对协调社会物流系统与企业物流系统的目标,促进二者有机结合和协调发展,发挥物流系统在经济生活中的特定功能具有举足轻重的作用。①

三、各要素之间的关系

区域物流的主体、客体和载体要素及其关系决定了区域物流的组织结构,物流客体要素决定了区域物流的物品类型和规模,物流载体要素决定了区域物流的空间结构。因此,区域物流总体结构往往决定了区域物流的发展水平和规模,推动区域经济活动的效率和水平。从系统论观点看,区域物流系统内各子系统之间存在杂合有机联系和相互作用,使系统保持相对稳定;各子系统具有自身的结构,构成系统的结构,这种结构保障系统的有序性,从而使系统具有特定的功能;物流系统整体又是社会经济大系统的子系统。社会经济系统构成物流系统的外部环境,外部环境的制约是物流系统形成、存在和发展的条件。

物流基础设施是区域物流系统运行的必要条件和平台,例如,综合枢纽型物流平台能够根据客户的要求,将各种功能进行有机组合,为其提供综合性物流服务,并能扩大服务范围,提供个性化增值服务。物流系统的运营组织层解决各种物流渠道之间的衔接与匹配,物流系统如何与现行的生产、流通和消费环节相适应,降低物流运营成本,提高运营效率的问题。社会物流的需求是一种宏观物流需求,涉及整个社会再生产系统和宏观产业部门。社会宏观物流需求和宏观物流供给通过物流对象和产业部门等载体来实现相互对接和互动。

区域物流系统的运行除了需要物流供给主体和物流需求主体的协作配合外,还需要由许许多多政府部门以及行业协会、商业保险等中介服务与知识支持服务的各类主体提供保障,这些机构或组织构成区域物流环境主体。区域物流环境主体对区域物流供给主体、物流需求主体的经营行为、

---

① 阿布都伟力·买合普拉. 区域物流研究——基础理论和综述 [M]. 乌鲁木齐:新疆大学出版社,2014.

运作管理、产业聚集、发展方式、技术支持、知识服务等产生重要影响，会影响区域物流供需主体的迁入、集聚或迁出，从而对区域物流多主体系统的整体结构、空间等形态演化产生重要影响。从系统发展的角度看，区域物流环境主体对区域物流供给主体和区域物流需求主体的发展起保障作用。

第二节　区域物流的空间组织结构

区域物流作为区域经济活动的功能性组成部分，随着社会分工协作和区域经济专业化的发展而发展，区域物流的组织体系、空间形态、功能模式也会经历一个由单一到复合、由简单到复杂，总体呈现由点到面再演变为网络的演化过程。[①]

区域物流空间系统是由各级物流连线和节点以及所属经济"组织"构成的相互联系、相互作用的系统结构。区域物流空间虽然从要素构成上看十分复杂，但从主要构成来看，由物流节点、线路、网络和域面构成。节点、线路、网络和域面的相互关系和配置形成物流系统的比例关系，这种比例关系就是区域物流系统的结构。

一、物流"点"——节点

按照物流活动的运动程度（即相对位移大小）观察，物流活动的过程是由许多运动过程和许多相对停顿过程组成的。一般情况下，两种不同形式的运动过程或相同形式的两次运动过程中都要有暂时的停顿，而一次暂时停顿也往往连接两次不同的运动。物流过程便是由这种多次的运动—停顿—运动—停顿组成的。物流节点是指物流网络中连接物流线路的结节之处。物流过程按其运动状态来看，有相对运动状态和相对停顿状态。货物在节点处于相对停顿的状态，在线路上处于相对运动的状态。物流节点包括区域性枢纽、园区、仓库、车站、空港、港口、码头、货运站、包装公

[①] 阿布都伟力·买合普拉. 区域物流研究——基础理论和综述 [M]. 乌鲁木齐：新疆大学出版社，2014.

司、加工中心、配送中心、物流中心等。这些节点都以一定的节点形态存在，在物流系统中发挥着不同的作用。按照节点的功能，大致可分为转运型节点、储存型节点、集散型节点、配送型节点、综合型节点等。现代物流系统中的节点是物流网络的中枢和纽带，它不仅能够实现一般的物流功能，而且能够实现指挥调度、停息等神经中枢的功能。因此，物流节点是物流系统的灵魂所在。物流节点把商流、物流、信息流、资金流融为一体，是生产企业和产品用户的中介。尽管物流节点的类型存在差异，但是其整体功能具有共性[①]，可做以下概括。

1. 衔接功能

物流节点将各个物流线路连接成一个系统，使各个线路通过节点变得更为贯通。物流节点利用各种技术的、管理的方法可以有效地起到衔接作用，将中断转化为通畅。物流节点的衔接作用为可以通过转换运输方式、加工、储存、集装化处理衔接不同运输手段、干线物流及配送物流、不同时间的供应物流和需求物流以及整个门到门运输，使之成为一体。

2. 信息功能

物流节点是整个物流系统的信息传递、收集、处理、发送的集中地，是使复杂物流单元联结成有机整体的重要保证。在现代物流体系中，每一个节点都是物流信息的一个点，若干个这种类型的信息点和物流系统的信息中心结合起来，便成为指挥、管理整个物流系统的信息网络。

3. 管理功能

物流系统的管理设施和指挥机构往往集中设置于物流节点之中，物流节点大都是集管理、指挥、调度、信息、衔接及货物处理于一体的物流综合设施。整个物流系统的效率和水平取决于物流节点管理职能的实现情况。

二、物流"线"——线路

物流线路是运输工具的载体和通过的途径，是由交通（公路、航空、

---

① 王云. 铁路物流节点系统结构的建立方法［J］. 铁道运输与经济，2007，9（4）：59-62.

铁路、水路等综合交通运输网络)、通信干线连接起来的基础设施。① 物流过程中货物的空间转移是通过运输工具在线路上的移动实现的，没有线路物流就成为空中楼阁。因此，线路是运输功能实现的客观条件。线路在区域物流系统中具有十分重要的意义。线路决定着区域物流系统的结构。节点是伴随线路的产生而存在的，没有线路也不会有节点。不同类型线路的比例关系在很大程度上决定着节点的位置，线路和节点结合起来形成区域物流系统的网络结构。物流范围是随着线路的延伸而扩大的，线路延伸到哪里物流才能扩展到哪里。同时，线路的长度、密度及质量还决定着运输的能力和效率，从而决定着物流的能力和效率。

线路也可分为三个层次：主干通道、次干通道、支通道。主干通道主要指连接物流园区、物流中心之间的城市间高速公路网、铁路网、航道网、航空网；次干通道是指连接同一城市中不同节点之间的城市道路、航道及铁路线；支通道是指节点内部的通道。以主干道为主体的物流线路对区域物流活动的空间影响（辐射和吸收作用）构成物流线路的整体通道功能。

物流通道则是在运输通道形成的基础上，物流资源沿着一定的路线（主要包括铁路、公路、高速公路、大型水运干线、管道等）在物流中心城市之间、物流经济发达地区与落后地区之间运动的过程，既代表着物流资源空间流动的路线，也代表着相应线状物流经济活动的集聚地带。这是由于地域经济发展的不平衡性导致物流资源的移动，进而带动相关产业沿着物流资源流动路线进行集聚、复合。物流经济带具有发展轴、吸附性以及辐射性等特征。

三、物流"网"——网络

网络是由无结构性质的节点和相互作用关系构成的体系。按照现代交通经济学理论，网络是指一定地域内各种交通线路与通信信息线路所构成

---

① 海峰，祖大为，杨明.产业集群与区域物流网络空间系统演化机理研究［J］.物流工程与管理，2008，30（12）：25-28.

的地域分布体系，地域经济空间中线状要素发展到较高阶段后生成网络这种产物。用图论来表述，网络可描述为若干有向线条和若干不同等级节点相连接的连通图。在区域经济中，网络用于表示空间经济之间的联系，空间上表现为交织成网的交通和通信等线状基础设施，它还表示区域经济联系的系统，这种联系表现在地区之间和企业之间的经济、技术和信息等方面的联系，它反映了区域经济发展的一种有序结构。随着区域经济活动的高速发展，由运输、信息系统等生产性基础设施构成的区域物流网络系统已成为地区经济发展的重要子系统。目前学术界对物流网络没有统一的定义，我国国标《物流术语》将"物流网络"定义为"物流过程中相互联系的组织与设施的集合"。

物流网络，由物流中心城市（节点）和物流经济带（轴线）共同组合构成，是基于物流中心城市、物流经济带及物流通道所形成的物流经济活动的空间组织形态。物流中心城市（节点）是物流网络的极核，物流通道则是物流节点、物流网络、物流经济域面之间联系的纽带和通道。相应地，在物流网络中物流经济要素进行复合态运动，包括物流中心城市（节点）中物流经济要素点状集聚运动和物流经济带（轴线）中带状集聚物流资源运动。物流网络注重物流经济要素及其吸引经济要素的配置，不同于交通运输网络强调交通线路布局、客货流配置等运输资源的合理配置。这是交通运输网络的高级形态。物流网络的结构决定着区域内物流经济要素的集聚与地域运动形态及其空间结构。

物流网络作为物流经济空间组织的一种手段，承担着形成、调整区域性的物流经济空间结构的职能。物流经济要素在地域上集聚和扩散促使物流中心城市和物流经济带的数量和规模日益扩大，使得在更多的物流中心城市之间产生新的物流经济带，使得物流的点状聚集点逐渐连接成为线状集聚地带上的一部分，形成物流资源的网络集聚模式。正是物流经济要素在地域上的运动，物流中心城市之间通过物流经济带连接，形成物流网络。物流网络的形成，使得区域内物流资源聚集通过点—线之间的连接成为一体。借助网络集聚所具有的吸引力、约束力和排他性，物流网络能进一步促进网络内部物流经济要素的流动、提高集聚程度，同时积极吸收网络外部的物流经济要素，使得网络内物流资源点状集聚与线状集聚数量增多，即物流经济要素在地域上集聚程度的提高。

从微观角度看，区域物流网络是在一定的区域范围内由一系列的供应商、制造商、堆场和仓库等物流节点按照物流线路有机组合而形成的整个供应链的一部分，其本质就是物流过程中相互联系的组织和设施的集合，其目的是优化供应链。线路和节点相互联系、相互配置，按照不同的结构、联系方式形成不同的物流网络。从宏观角度看，区域物流网络是以综合物流枢纽中心、区域物流枢纽中心、城市物流枢纽中心等为网络节点，以物流通道为线路，彼此有机结合，构成了由多层次物流中心体系和交通运输网络体系而形成的综合物流网络体系。

物流网络系统是一个多层次的循环系统，各个层次由于自然、经济、社会条件的差异，形成不同的内容、结构、特征，并在地位与作用、结构与功能上表现出等级秩序。不同层次之间相互联系、相互作用、相互交织，形成相对稳定的系统结构，通过物流功能要素的分散与集中，降低社会成本，提高物流效率，提升顾客满意度，缓解交通拥挤，保持生态平衡，实现经济可持续发展。

物流网络系统由网络系统中的点、线、面要素有机构成，是实现现代物流总体目标的综合体。网络中的点可以是一种物流基础设施（公路、水路、航空等），也可以是物流主体要素（货主、工商企业、消费实体等）以及由它们集合而成的县城、城市和中心城市等。物流节点是物流系统的重要组成部分，承担物流功能要素中的仓储、加工、分拣、配货等主要功能，因此物流网络中物流节点的布局规划对整个物流网络优化起着重要作用。线即物品在不同点间的移动线路，有长短、粗细之分，代表各种不同的运输方式、运输路线和运输不同的产品等。点与线都有特定的空间分布，两者相互作用，形成网络结构中被特定流通网络覆盖的地区。由于各地区的特点和经济发展水平的差异，覆盖不同地区的点与线有多少和疏密之分，因而形成不同层次、纵横相连的空间结构网（见图1-1）。

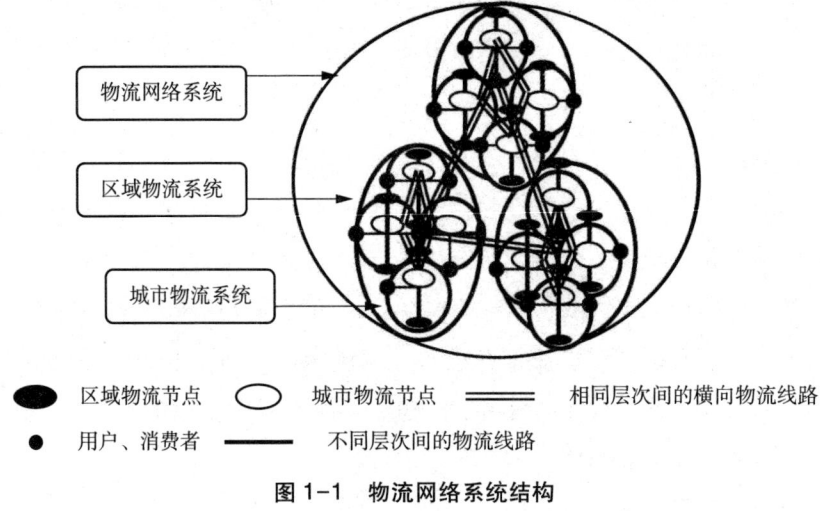

图 1-1　物流网络系统结构

第三节　区域性物流节点的空间表现形式与基本模式

物流节点是连接各类物流活动的枢纽。广义的物流节点是指所有进行物资中转、集散和储运的节点,包括中心城市、港口、空港、火车货运站、公路枢纽、大型公共仓库及现代物流(配送)中心、物流园区等。狭义的物流节点仅指现代物流意义的物流(配送)中心、物流园区和配送网点等。物流节点作为系统的终端,除负责对系统的管理控制外,还肩负着对货物的前期处理以及存储、保管、配送等功能。

由于区域内产业的集聚与分布、市场分布的不同,产业的结构、产业间的关联差异,物品的种类、流向、流量的不同,因此,物流服务的需求特点也不相同。这种差异表现在区域物流产业的功能布局和空间布局存在差异和物流服务模式上的不同。由此产生不同的区域现代物流活动的基本模式及区域物流节点类型。区域物流节点内容有宏观和微观之分。宏观节点指的是某个区域性城市或城镇,比如国际性城市、国际性港口、区域性中心城市、区域性货运集散城镇等都属于这个范围。微观节点分物流园区、物流中心和配送中心三个不同层次,它是组织各种物流运转、发挥物流功能、提供物流服务的重要场所，在物流网络中起到调度指挥的作用。

现代物流的发展产生了众多不同类型的节点，在不同的物流系统中起着不同的作用。[①] 物流网络节点设施是整个物流网络的基础，各种物流网络节点设施在网络中所处的地位是不同的。这些地位、作用、规模、功能、服务范围不尽相同的物流节点设施构成了有层次结构的区域物流网络节点体系。按照物流网络节点设施在物流网络体系中所处的地位及不同作用，可将其自上而下地划分为区域物流中心城市（节点城市）、物流园区、物流中心、配送中心及货运场站等若干层次。不同层次物流网络节点设施的服务功能，通常具有自上而下的兼容性，但不具备自下而上的兼容性。通常，层次越高者设置数量越少，规模越大，选址建设条件越复杂，服务功能越综合、齐全。

一、物流中心城市（节点城市）

在由若干城市组成的某一区域（经济区域或行政区域）物流网络体系中，具有较强的经济吸引带动能力和物流服务辐射覆盖能力、拥有综合交通运输枢纽、物流需求量和交换量集中，能为服务区域提供强大的仓储、分拨、运输、配送服务功能的网络节点，称为（区域）物流中心城市或（区域）物流节点城市（见图1-2）。

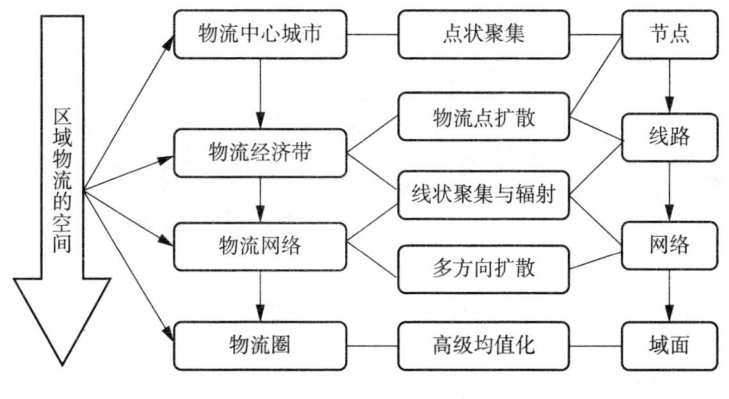

图1-2　区域物流的基本空间演化趋势

---

① 金真，唐浩. 现代物流——新的经济增长点［M］. 北京：中国物资出版社，2002.

物流中心城市，可以简单认为是具有物流中心地位的城市，其物流产业对城市功能、性质及发展起到了重要的影响作用，是宏观层面担负着组织区域物流经济活动职能的核心城市。物流中心城市属于物流中心的广义范畴，整个城市在空间上汇集了综合职能和高效率的物流设施，具有"从供应者处接收大量物资，进行倒装、分类、保管、包装加工、信息处理等作业"功能，成为聚集一定经济区域内大规模物流经济活动的呈点状的物流枢纽地带。

此类城市一般是区域中最大的物流经济活动的集约集成地带，是众多物流线路共同的交会点，有着较好的流通体系、信息交换设施、手段和便利的集疏散条件。由于物流中心城市巨大的物流业规模集聚效应，它承担着规模庞大的区域性物流综合和集约功能，需要从国民经济出发，以区域经济发展为依托，以交通运输枢纽为手段，集区域物流和国际物流于一体，成为区域、国内物流网络的重要节点，是区域商品批发、物流转运、存储、分拣包装加工、配送、物流信息及综合配套服务等中心职能的集合体。物流中心城市与外部（所在区域、国内、国际）的相互作用，呈现出强烈的吸收和辐射效用（见图1-3），具有以物流产业为核心、区域物流增长极核作用以及开放性、完整性等特征。

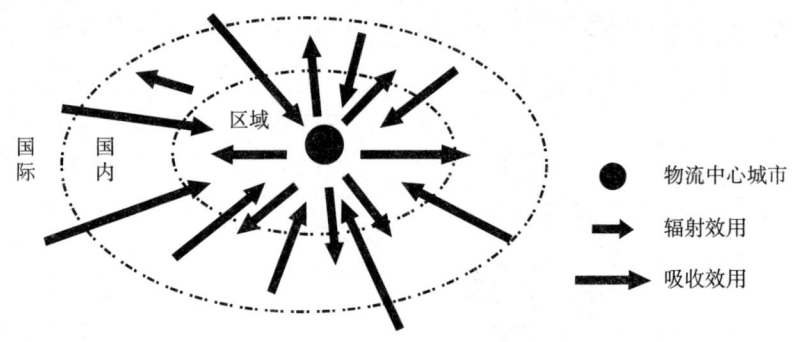

图1-3 物流中心城市区域吸收、辐射效用

物流节点城市是物流产业在更大的范围内、在整个国民经济和社会经济生活中发挥重要作用，以及城市物流在区域或全国物流网络布局中占有重要地位的具体体现。从区位上看，它是国家综合性的交通枢纽，是国家

综合运输大通道的重要交会点，具有良好的交通基础设施和便捷的陆、海、空运输条件；从功能上看，它要求具有高度发达的现代物流业，可提供高效的国内和国际物流服务，具有仓储、运输、中转、配送、货代、加工信息处理等综合服务功能，是大规模物流、商流、信息流、资金流的集散地；从作用上看，它具有广大的吸引与辐射范围，对国内乃至国际物流网络的合理布局、顺畅链接及高效运行具有全局性的作用和影响。[①]

二、物流园区

物流园区是在几种交通运输方式衔接地区形成的物流节点活动的空间集聚体，是具有产业一致性或相关性特征、集中连片开发的物流用地空间，是在政府规划指导下多种现代物流设施和多家物流组织机构在空间上集中布局的场所，是具有较大规模和多种服务功能的新型物流活动的载体。它按照专业化、集约化、规模化原则组织物流活动，入驻园区的市场经营主体通过共享公用基础设施和配套的综合服务，形成集聚优势、互补优势和整体优势，实现物流产业的集约化和规模化效应，促进其载体城市的城市功能可持续发展。

物流园区是具有较大规模和综合服务的物流集节点，是社会化的公共物流园区，是多种运输方式汇集、物流产业集聚发展的大型物流运转枢纽。物流园区一般分为三种类型：第一种，国际物流枢纽型物流园区。主要指港口、机场、陆路口岸等多种运输方式汇集，与海关监管通道相结合的大型物流运转枢纽。一般规模较大，物流功能齐全，多式联运功能强，物流服务辐射力强，是城际、国际物流的主要集散、转运中心。第二种，区域型物流园区。主要是跨区域的长途运输和城市配送体系之间的转换枢纽，或是对多式联运起重要支持作用的转运枢纽。一般规模相对较大，物流功能较齐全，是某地区城际物流的主要集散中心。该种类型的物流节点主要提供区域物流服务和市域配送物流服务。如上海的西北综合物流园

---

① 吴松，欧文权，彭欣. 创新思路打造全国性物流节点城市［J］. 企业科技与发展，2009，24（10）：9-12.

区。第三种，市域配送型物流园区。指支持城市内或城市周边商贸、生产和城市生活的物流节点。一般规模相对较小，物流功能相对单一，专业性较强，物流服务辐射力较小。

物流园区是由多家专业从事物流服务、拥有多种物流设施的不同类型物流企业在空间上相对集中分布而形成的场所，是连接区域间物流活动，提供规模化、集约化的大型物流服务和综合服务功能的物流节点和具有两种或两种以上交通运输方式（公路、铁路、水路、航空）相交会的区域，与工业园区、科技园区及经济开发区等概念类似。物流园区具有物流产业的一致性和相关性，具有经济开发的功能。在空间规划上，物流园区在中心城市的中环以外、外环附近。它设立的主要要求是紧临港口、机场、铁路编组站，周围有高速公路网，必须有两种以上运输方式相连接；地价较低，适当远离市中心，使大城市的流通机能、道路交通状况能够得到改善；要有足够的发展空间，为工业企业的发展留有余地。

三、物流中心

物流中心是商业配送物流和加工配送物流的主要载体。物流中心与物流园区的含义基本相同，主要区别在于物流中心的规模小于物流园区，物流服务领域的专业化特点突出，相对于物流园区的地理位置，物流中心更靠近城市。在空间规划上，物流中心一般建在中心城市的中环附近和产业集聚区内。其主要要求是：工商企业是物流中心生存的基础，应紧邻大型工业、商业企业；公路是物流中心的主要货运方式，应靠近交通主干道的出入口；主要面向社会服务；物流功能健全；信息网络完善；辐射范围大；少品种、大批量；存储、吞吐能力强；物流业务统一经营、管理。

物流中心通常是指综合性的物流场所，它既具备配送中心的功能，又具有货物运输中转功能，通常提供社会化的物流服务。如为工业企业、商业企业所有，用于为本企业进行仓储、包装、流通加工、装卸搬运等相关物流作业所设置的节点以及专门用于物流作业、为其他企业或个体消费者服务的仓储设施、配送中心。

四、配送中心及货运场站

配送中心是以服务城市商贸，以小批量、多批次物品配送物流活动为特点的专业化物流活动节点。配送中心以仓储、配送为主要物流服务功能，服务领域以城市商贸业为主，服务范围以城市为主。在空间规划上，配送中心在城市中环以内、内环以外。其主要要求是以市区主干道、放射路以及其他次干道、路线为依托，合理布局配送中心，承担市区和对外运输货物的集散、编组和中转等功能，应建在市区和开发区，这样有利于贴近零售业、小型加工业以及其他与市民生活息息相关的服务业，为其提供必要的配送服务，甚至直接为市民生活服务。主要为特定的用户服务；配送功能健全；完善的信息网络；辐射范围小；多品种、小批量；以配送为主、储存为辅。

货运场站——转运型物流节点，是提供货物集结、交付、装卸车、中转、换装及其他配套服务等与货物运输相关的服务功能的场站设施。货运场站型物流节点分为两种：第一种，运输线上、运输线末端、运输线与搬运线上的节点，即仓库，是以库存的形式进行储备的物流设施。第二种，运输线上的节点，国内称之为站，如铁路、公路的车站、港口等。这两种节点处于运输线路上，以转换不同运输方式或同一运输方式为主，所以在这种节点上的停留时间较短。

第二章

新疆经济地理概述

第一节　新疆资源环境条件分析

一、独特的区位地缘优势

新疆地处我国西北边陲，东西最长达到 2000 公里，南北最宽约为 1600 公里，总面积达到 166 万平方公里，约占全国总面积的 1/6，是我国土地面积最大的行政区。

新疆东部和南部分别与我国的甘肃、青海和西藏三省（区）毗邻；其东北部、北部、西部到西南部，分别与蒙古国、俄罗斯、哈萨克斯坦、吉尔吉斯斯坦、塔吉克斯坦、阿富汗、巴基斯坦和印度八国相邻，边界线长达 5600 公里，约占我国与邻国边界线总长的 1/4，是我国交界邻国最多、国境线最长的行政区。

独特的区位地缘优势，为物流产业发展开拓了广阔的成长空间。新疆地处亚欧中心，是我国与中亚、西亚及至欧洲、北非陆路交往的重要通道。全疆对外开放一、二类口岸 29 个，与 140 个国家进行贸易往来。特别是中西亚诸国与新疆经济存在巨大的差异性和互补性，周边国家 13.5 亿人口的消费市场，对生活资料和生产资料有着巨大的需求，客观上形成了内外两个市场，两种资源的相互融通，使新疆成为辐射中西亚经济圈的国际物流重要战略枢纽和最佳物资集散地。

二、绿洲经济地理特点

新疆位于亚欧大陆中心，四面远离海洋，周围高山环绕。新疆地形地貌特征可以概括为"三山夹两盆",北边是阿尔泰山,中间是天山,南边是昆仑山。天山作为新疆的象征,横贯中部,形成南部的塔里木盆地和北部的准噶尔盆地。新疆三大山脉形成了独具特色的大冰川,总面积2.3万多平方公里,占全国冰川面积的40%。

新疆气候干燥,大陆性气候明显,气候变化剧烈,日照充足,降水稀少。新疆的大部分地区,一年到头,经常晴空万里、阳光普照,为全国日照数最多的地区之一。全疆各地的日照数多在2550~3500小时,而其分布规律大体是由北向南递减,由西向东递增。这主要由于白昼时间南短北长。最北部的阿勒泰地区,夏季昼长达15~16小时,南疆地区不仅昼长短于北疆,而且时有风沙、浮沉,影响日照。西部阴雨天较多,东部则为全国最干旱的地区,很少阴雨,所以日照时间长。据统计,北疆的阿勒泰地区平均日照数为3001小时,中部的乌鲁木齐市为2820小时,南疆的和田市则降为2643小时。强烈的太阳辐射为太阳能的利用提供了极为有利的条件。

新疆远离海洋,又因大气环流条件的限制,降水稀少,是新疆气候的一个重要特征。新疆距离东部的太平洋2500公里,中间有秦岭、祁连山等山脉的阻隔,太平洋的气流到达新疆东部上空时,水分早已消耗殆尽,不能形成降水。新疆南距印度洋不是很远,最短距离只有1700公里,但昆仑山和喜马拉雅山高度在4000米以上,而印度洋暖湿气流的高度不过3500米,所以也无法到达新疆上空。北冰洋距新疆2800~4000公里,它的冷湿气流经辽阔的西伯利亚和蒙古国,越过阿尔泰山,到达新疆北部上空时,所余水分已经不多,不可能形成大量的降水。只有北疆西部地势较低,伊犁河谷的西口,海拔只有500多米,因而大西洋的潮湿气流可以顺利进入北疆西部地区,并形成较多的降水。新疆全年降落在地面上的降水总量为2400亿立方米,按新疆160多万平方公里的面积计算,平均年降水量为145毫米,只相当于全国平均降水量(630毫米)的23%,或世界平均值(833毫米)的17.4%。一般来说,新疆平原低地气候极端干燥,雨水稀少,蒸发量大。如塔里木盆地东南缘的且末、若羌,年平均降水不到20毫米,为全国降水量最少的地区之一。山区气温较低,空气湿润,降水量大,草木比较繁茂。如阿尔泰山、天山山地,平均年降水量可达500~600毫米。

新疆的沙漠面积占全国沙漠面积的2/3，其中塔里木盆地中的塔克拉玛干沙漠，面积为33.67万平方公里，是我国最大的沙漠，为世界第二大流动沙漠。准噶尔盆地的古尔班通古特沙漠，面积为4.8万平方公里，为我国第二大沙漠。这些沙漠中蕴藏着丰富的油气资源和矿产资源。

新疆兼有高山、平原、河谷、盆地、沙漠、戈壁等复杂地形和自然条件，加上坡向、水文、高程变化以及位置和地面物质等不同因素的影响，使各地区具有截然不同的自然特征，因而形成了全疆多种多样的自然地理景观。

新疆现有14个地（州、市），包括5个自治州、5个地区、4个地级市。新疆生产建设兵团是自治区的重要组成部分，现有14个师、179个团场，嵌入式分布在新疆14个地（州、市）。新疆的传统区域划分是以天山为界，划分为北疆、南疆和东疆三大区域。作为首府的乌鲁木齐具有独特的地理位置和社会经济地位，不仅地处南疆、北疆和东疆的交会处，是全疆公路、铁路和航空的总枢纽，同时还以仅占全疆0.9%的土地面积集中了全疆11.6%的人口，在新疆社会经济发展中起着引领性的作用。

其中，北疆包括乌鲁木齐、克拉玛依、昌吉、博尔塔拉、伊犁、塔城、阿勒泰7个地区；南疆包括巴音郭楞、阿克苏、克孜勒苏柯尔克孜、喀什、和田5个地区；东疆包括吐鲁番和哈密2个地级市，是新疆与其他省份连接的重要通道。

绿洲是干旱半干旱地区特有的地理景观，呈"岛屿"状存在于荒漠之中或者被荒漠包围。新疆是我国绿洲分布最广、面积最大的省区，1259个大小绿洲散状分布于天山南北麓、昆仑山—阿尔金山北麓、伊犁谷地和额尔齐斯河流域，面积约占新疆国土面积的5%。新疆的绿洲从地貌上看，具有封闭性的特点；从地域上看，具有分散性的特点。新疆各地（州、市）到首府乌鲁木齐的平均距离为735公里，各地州到所辖县（市）的平均距离为155公里，县与县之间的平均距离为112公里，县与乡之间的平均距离为35公里以上。新疆区域地理单元内的经济活动也是以绿洲为单元，形成相对独立的经济小区。小区由于有荒漠、戈壁漫布外围，其生产、交换、分配、消费活动大都是在各自大小不同的绿洲内部进行。绿洲的分散性对区域物流活动的运行形成了重要的地理制约条件。

三、丰富的优势资源条件

从石油和天然气的开采来看，新疆先后建成了准噶尔盆地、塔里木盆地和吐哈盆地三大石油、天然气生产基地，形成了克拉玛依—独山子、乌鲁木齐、吐鲁番—哈密、库尔勒—库车等不同规模、各具特色的石油炼制和加工基地。从煤炭的储量上看，北疆的乌鲁木齐、伊犁、塔城和昌吉、东疆的哈密和吐鲁番，南疆的巴音郭楞和阿克苏等地区都属于富煤或较富煤区，这些区域的煤炭年产量都在680万吨以上。

新疆矿产资源丰富，具有资源优势突出、矿种齐全、分布广、配套程度高、部分矿种资源储量大、质量好等特点，是我国重要的能源资源开发区。目前已发现矿种152个，占全国已发现矿种173个的87.9%。查明有资源储量的矿种102个，其中能源矿产8个、金属矿产34个、非金属矿产57个、水气矿产3个，占全国已查明163个矿种的62.6%。在查明资源储量的矿产中，石油、天然沥青、铯、红柱石、钠硝石、芒硝、花岗岩（饰面用）等12种居全国首位，天然气、煤炭、镍、钴、铍、钾盐、氦气等20种居全国第二位，铬、锌、铌（氧化铌）、锂（锂辉石）等10种居全国第三位。①

第二节　新疆宏观经济发展现状分析

自举行中央新疆工作座谈会以来，在国家和各省区市的大力支持帮扶下，在全疆各族人民的共同努力下，新疆经济社会取得了长足发展，稳疆兴疆成效显著。新疆紧紧抓住跨越式发展历史机遇，加大发展开放力度，加快经济发展步伐，使国民经济实现了快速健康发展，经济总量不断扩大，综合经济实力不断增强，为物流产业发展创造了良好的市场前景。

---

① 新疆维吾尔自治区人民政府官网. 新疆维吾尔自治区矿产资源总体规划（2021—2025年）. 2022-08-28. https：//www.xinjiang.gov.cn/xinjiang/c112288/202208/15c9ea4b157744cd99fac1fd08f56c78.shtml

一、地区生产总值连年增长

2021年新疆实现地区生产总值（GDP）15983.65亿元，比上年增长7.0%，两年平均增长5.2%。其中，第一产业增加值2356.06亿元，比上年增长7.9%；第二产业增加值5967.36亿元，增长6.7%；第三产业增加值7660.23亿元，增长6.9%。第一产业增加值占地区生产总值比重为14.7%，第二产业增加值占地区生产总值比重为37.4%，第三产业增加值占地区生产总值比重为47.9%。全年人均地区生产总值61725元，比上年增长6.3%，为全区商贸物流产业发展创造了广阔的前景。[1]

经济体量扩大，增速可观。2017—2021年，新疆地区生产总值由11160亿元增加至15984亿元（见图2-1），年均增长5%。人均地区生产总值、公共预算财政收入、全社会固定资产投资、社会消费品零售总额等主要经济社会指标增长较快。

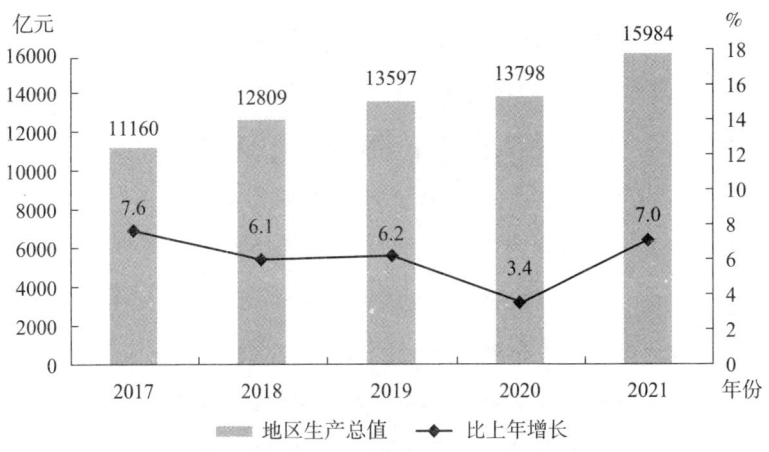

图2-1 2017—2021年新疆地区生产总值及增速[2]

作为我国西部的欠发达地区，近年来新疆区域经济发展规模不断扩大，投资、消费和进出口贸易全面增长，社会物质财富不断积累，地区财政收入和居民收入稳步增加，丝绸之路经济带核心区建设加快推进，成为

---

[1] 新疆统计局.2021年新疆维吾尔自治区国民经济和社会发展统计公报［Z］.2022-03-23.
[2] 新疆统计局.2021年新疆维吾尔自治区国民经济和社会发展统计公报［Z］.2022-03-23.

西部地区经济增速较快的区域增长极之一。宏观经济运行层面，产业政策导向作用进一步增强，重大基础设施项目和产业发展项目拉动区域经济稳步增长，城乡社会消费潜力不断释放，经济管理体制改革逐步深化，区域经济发展进入加速发展阶段。同时，市场机制在资源配置中的基础性作用得到进一步增强，区域经济增长动力得到进一步强化，区域经济跨越式发展的社会经济条件逐步形成。随着新疆经济的稳步增长，新疆在全国能源体系建设、特色农业发展、向西陆路通道建设等方面形成了一定的发展优势，工业化、城镇化、信息化进入新发展阶段，各类要素市场体系建设进一步完善，区域经济一体化发展水平不断提高，社会物流需求迅速增长，全面展现了商贸物流业蓬勃发展的重要潜力。

二、产业结构调整和转型升级加快

近年来，新疆依托自身资源优势，加大各类资源的开发力度，形成了适合自身资源和生产力发展的产业体系和结构。其中大力提升农牧业现代化水平，扩大名特优农牧产品的种植养殖、外销和出口，构建了粮食、棉花、林果业和畜牧业等农业产业体系，棉花等产业发展规模在全国范围内处于主产区地位。在工业发展方面，抓住我国产业转移、对口援疆机遇，加快招商引资和产业园区建设步伐，初步形成以化工、有色金属、建材、轻工、纺织、装备制造等为支柱产业的新型工业体系。在第三产业发展方面，现代服务业加快发展，逐步形成第一、第二、第三产业联动发展机制，旅游、会展、物流等行业实现突破和创新发展。

从图 2-2 中能够看出，新疆第二产业发展规模总体上在不断扩大，在三次产业结构中的比重从 2017 年的 36.7% 扩大到 2021 年的 37.4%。整体上，新疆形成了规模和结构相对稳定的三次产业体系，农业基础地位得到进一步巩固，特色工业和矿业稳步加快增长速度，服务业社会服务能力得到进一步提升。同时，新疆积极推动产业优化升级，加快构建以农业为基础、以工业为主导、服务业占重要地位的现代产业体系，不断增强吸纳就业能力。

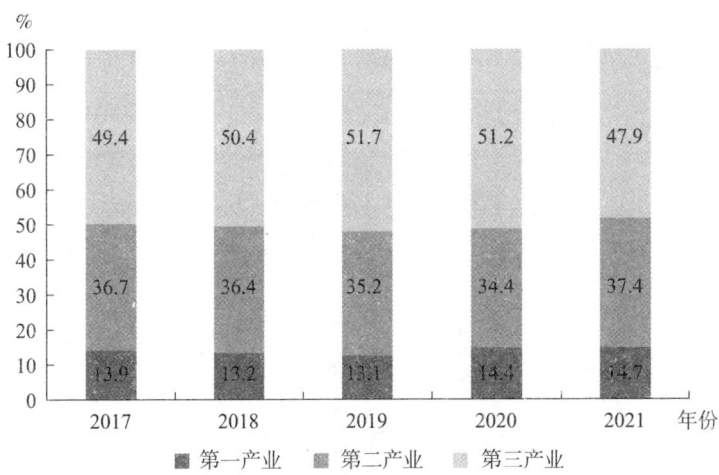

图 2-2　2017—2021 年新疆三次产业增加值占地区生产总值比重

三、开放型经济发展全面提速

2021 年全年新疆货物进出口总额 242.99 亿美元，比上年增长 13.7%。依托独特的区位优势，新疆加大向西开放力度和外向型经济发展力度，基本形成以海关特殊监管区、出口加工区、边境经济合作区、境外经贸合作区、境外展会等为支撑的国际经贸平台，由铁路、公路、航空及各类口岸和物流园区等交织串联而成的国际经贸网络日益活跃，以跨境电商物流、物流服务外包、冷链物流等为引领的国际物流新模式蓄势待发，新疆全面开放的经济新格局正加速形成。

从图 2-3 中能够看出，新疆的货物进出口总额从 2017 年的 206.60 亿美元增长到 2021 年的 242.99 亿美元，增长了 36.39 亿美元。在新疆进出口贸易结构中，出口规模约占 80%，进口规模约占 20%，表明新疆外向型经济体系初步构建，开放型经济加速推动能力在稳步增强，为加大新疆丝绸之路经济带核心区建设力度奠定了重要产业支撑基础。同时，新疆高度重视加快构建创新开放型经济体制，把握党中央关于新疆发展的战略定位，坚持把新疆区域性开放战略纳入国家向西开放的总体布局中，加快建设对外开放大通道，积极拓展向西开放的广度和深度，更好地利用国内国际两个市场、两种资源，打造向西开放的桥头堡，积极服务和融入新发展格局，努力将新疆的区位优势转化为开放优势、将资源优势转化为产业优势。

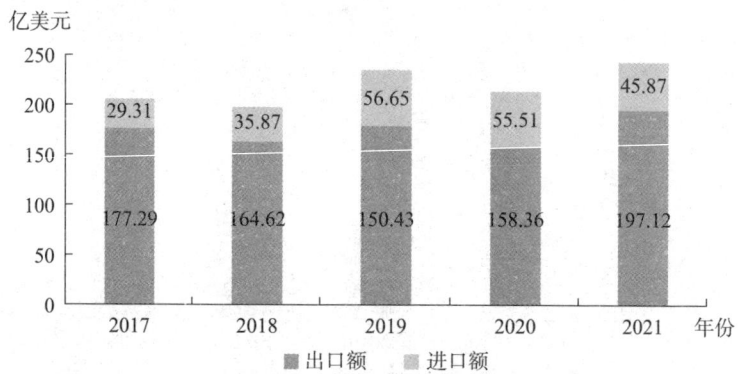

图 2-3 2017—2021 年新疆货物进出口总额

四、城镇化、民生建设不断推进

新型城镇化不断推进，区域发展空间格局基本形成。近年来，新疆城镇化率不断提高，2021 年城镇化率达到 57.2%，城镇化水平明显提升。天山北坡经济带、天山南坡产业带、南疆三地州和沿边经济带加快协调发展。同时，近年来新疆陆续实施了安居富民、定居兴牧、城镇保障性住房等重点民生工程。脱贫攻坚取得决定性成就，按照现行农村贫困标准计算，全区 306.49 万农村贫困人口全部脱贫，3666 个贫困村全部退出，35 个贫困县全部摘帽。贫困群众"两不愁三保障"全面实现，生产生活条件得到大幅改善，基本医疗保险、大病保险参保率均达到 100%，新疆绝对贫困问题历史性消除。

从表 2-1 中能够看出，新疆城镇化率提高较快，从 2017 年的 49.3% 提高到 2021 年的 57.2%，提高了近 8 个百分点。2018 年，新疆城镇化率首次突破 50%，城乡空间经济结构发生标志性变化，迈入了城镇化发展时代。随着区域基础设施的进一步完善和城镇化水平的不断提高，新疆区域经济活力进一步激发，城乡商业贸易呈现繁荣景象，社会生产、流通和消费规模不断扩大，与全国统一市场的联结融合水平不断提高，为地区财政收入稳定增长和居民收入增长、民生改善打下了重要物质基础。社会经济发展的内生动力进一步增强，产业要素运行效率不断提高，营商环境进一步优化，区域经济进入加速发展的良性轨道。

表 2-1　2017—2021 年新疆维吾尔自治区主要经济发展指标[①]

年份	2017	2018	2019	2020	2021
地区生产总值/亿元	11160	12809	13597	13798	15984
人均生产总值/元	46089	51950	54280	54700	61725
社会消费品零售总额/亿元	3250	3429	3617	3063	3584
公共预算财政收入/亿元	1465	1531	1577	1477	1618
城镇居民人均可支配收入/元	30775	32764	34664	34838	37642
农村居民人均纯收入/元	11045	11975	13122	14056	15575
城镇化率/%	49.3	50.9	51.8	52.4	57.2

第三节　内陆区域经济发展特征

一、亚欧大陆陆运的"十字路口"

处于亚欧大陆腹地的新疆是我国土地面积最大的行政区，也是与我国西部接壤的 8 个中亚、南亚国家（俄罗斯、哈萨克斯坦、吉尔吉斯斯坦、塔吉克斯坦、巴基斯坦、蒙古国、印度、阿富汗等）直接连接的边境开放区域，是支撑新亚欧大陆桥经济走廊、中巴经济走廊、中国—中亚—西亚经济走廊的骨干性经济通道。新疆地处亚欧经济走廊的地理中心区域，是典型的亚欧大陆中轴腹地，是中国连接欧洲大市场的最前沿陆地对接板块，具有十分广阔的区域面积和内陆腹地性经济发展特征。在传统中欧陆路物流通道建设中，新疆一直发挥关键的核心支点作用，也是传统亚欧大陆桥的重点支撑区域之一。

新亚欧大陆桥是新疆连接国内大市场和欧洲大市场的重大通道载体之一。该通道由我国沿海的连云港起步，经崔欣铁路和兰新铁路进入新疆，

---

① 《新疆统计年鉴》（2017—2021）、新疆统计局.2021 年新疆维吾尔自治区国民经济和社会发展统计公报［Z］.2022-03-23.

再沿新疆北部铁路线延伸到阿拉山口口岸出境，最终通往欧洲。在全国层面，要做大做强亚洲和欧洲的陆上经贸合作支撑平台，就需要率先做大做强最靠近欧洲市场的区域边界，即新疆区域经济体系。更加欣慰的是新疆刚好在地理上处于亚洲和欧洲的内陆腹地区域，最具交通枢纽优势和亚欧区域融合对接点优势。

"一带一路"倡议提出后，新疆的战略区位优势更加明显，是丝绸之路经济带北、中、南三条大通道的交会之地，成为中欧两大经济圈的重要节点和枢纽。首先，若能有效发挥新疆的亚欧物流腹地功能，可全面形成聚焦中欧物流连接的强大产业磁场，构建中欧物流资源聚集与扩散的动力型区域引擎，充分保障丝绸之路经济带物流通道的畅通高效运行。其次，新疆地域面积广阔，可大规模规划建设和实施具有国际起点和战略发展层次的亚欧内陆物流集聚区。相对境内的丝绸之路经济带沿线地区，新疆的土地成本较低，建设超常规物流集散地的空间条件十分优越，物流基础设施规模化建设潜力巨大。因此，依托这种条件可超常规规划和实施对接中国和欧洲两大物流市场的巨型商贸物流集散载体和平台。最后，新疆是大规模发展丝绸之路经济带多式联运的理想基地。依托新疆广阔的区域空间，可大规模建设基于亚欧物流产业联系的高速铁路物流系统、高速公路物流系统、航空物流系统以及管道物流系统。

二、古丝绸之路的要道

古丝绸之路实质上是基于中西商贸往来的洲际物流大通道，物流是古丝绸之路兴起的重要产业载体和支撑。历史上的古丝绸之路物流很大程度上由东西方国家和地区之间商贸往来需求促动而形成，对当时世界经济的发展和东西方文化交流做出过重要贡献。我国西部陕西、甘肃、青海、宁夏、新疆五省（区）曾是古丝绸之路东段的起点和节点区域，至今仍保留着深厚的"丝绸之路"历史文化特征。15世纪至16世纪，全球海路的开通使得世界贸易的重心从丝绸之路沿线转变到海路沿线国家和地区。随着时间的推移，古丝绸之路失去了昔日的繁华，沿线地区也由此逐渐演变为封闭落后的内陆地区。

1990年第二亚欧大陆桥的开通，依托铁路重新打通了丝绸之路贸易通道。从此，火车可以从中国的连云港开出，驶过中州大地、八百里秦川、河西走廊、天山南北，从中国出境后，跨越哈萨克草原、俄罗斯大地和东欧平原，到达荷兰的鹿特丹港，里程达1.097万公里。第二亚欧大陆桥的开通，为复兴古丝绸之路打造了崭新的平台，由此长期处于封闭状态的丝绸之路获得了重新焕发的机会。2011年，我国重庆市牵头，创建了以中国、俄罗斯、哈萨克斯坦、德国等国铁路部门以及中国重庆五国六方参与的"渝新欧"国际联运通道，该通道从重庆出发，经西安、兰州、乌鲁木齐，向西过北疆铁路，到达边境口岸阿拉山口，进入哈萨克斯坦，再经俄罗斯、白俄罗斯、波兰，至德国杜伊斯堡，全长1.1万公里。"渝新欧"不仅打开了中国中西部地区向欧洲的货运通道，而且为丝绸之路国际联运的形成奠定了重要市场基础。

2013年9月，国家主席习近平在哈萨克斯坦纳扎尔巴耶夫大学演讲时，提出了共建"丝绸之路经济带"的战略设想，并提了"政策沟通、道路联通、贸易畅通、货币流通、民心相通"的"五通"要求，得到国际社会的高度关注。这意味着古丝绸之路将获得新的历史性复兴机遇。2014年5月底召开的中央第二次新疆工作座谈会指出，新疆要建设好丝绸之路经济带核心区。会上，李克强总理明确提出，新疆要立足区位，以通道建设为依托扩大对内、对外开放，发展现代物流。由此，新疆以及西部各沿线省区、第二亚欧大陆桥沿线省区在丝绸之路经济带框架下的跨越式发展摆上了国家战略的重要议事日程。

三、独特的内陆商贸经济体系

由于新疆地域面积大，绿洲分散，高山荒漠地理特征突出，因此新疆的高速铁路、高速公路等交通设施建设成本明显高于国内其他地区，综合物流基础设施建设相对滞后。例如，区内尚未全面构建通往所有县级行政区域的铁路网络、高速公路和民用机场设施。同时，新疆与国内中西部地区通道长期依赖于兰新线铁路通道和新建的格库线第二条进出疆大通道，因而与境内沿线省（区、市）的互联互通对接水平不是十分发达，仍旧缺乏高起点设计和高效运行的多元化物流通道。此外，新疆与中亚国家之间、南亚国家之间的铁路、高速公路等通道也是处在论证建设的阶段，没有完全打通多元化的国际物流通道。基础设施的这种局面，不仅很难充分满足新疆自身区域经济发展的长远需要，而且将对丝绸之路经济带综合物流体系的有效运行形成区域性制约。长期以来，新疆物流市场处于自发运行状态，因而物流市场主体也呈现了"小而散"的发展格局，未能形成具有较大市场操作能力的龙头企业或产业联盟。与国内的其他省（区、市）一样，新疆仍旧缺乏一元化的物流管理体制，物流产业发展和管理功能被分散在各类条块部门，导致物流产业缺乏行业引导，缺乏前瞻性统筹规划研究，缺乏行业要素统计体系，缺乏有效的产业引导政策。

随着西部大开发战略的深入和援疆建设的推进，新疆的交通物流设施条件不断改善，对外贸易稳步发展，产业结构逐步完善，物流市场规模不断扩大。依托沿边开放政策和边境经济地理条件，新疆形成了独特的外经贸发展优势，与周边国家和地区的外向型经济合作逐步深入，在我国向西开放的经济贸易格局中的地位更加凸显。2021年，新疆实现进出口贸易总额242.99亿美元，拥有176个贸易伙伴国家和地区，经济保持稳定增长，形成了区内和区外、内贸和外贸融合发展的开放经济新格局。

第三章

丝绸之路经济带商贸物流发展框架及建设目标

物流不仅是国民经济中的新兴产业，而且在国际上被认为是国民经济发展的动脉和基础产业，同时，其更是衡量一个国家或地区综合实力的重要标志之一。物流业是融运输、仓储、货运代理、信息等产业为一体的复合型服务业，是支撑国民经济发展的基础性、战略性产业。现代物流是商品从供给者到需求者的实体位移过程，具体包括运输、仓储、搬运装卸、包装加工、配送、信息处理等物流活动。[①] 加快发展现代物流业，对于优化产业结构、转变发展方式、促进就业、增收创收、刺激消费、提高国民经济竞争力和建设生态文明具有重要意义。

物流又是区域经济和国际经济贸易合作的重要支撑载体，陆路、海陆、空中和能源通道对一个国家或地区的经济社会发展产生重要的连接和推动作用。依托互联互通体系，国家间、区域间进行有效的商贸往来，增强经济发展的互补性，有利于发挥区域资源禀赋优势和参与区域分工，为经济全球化和区域经济一体化发展提供重要支撑。根据各个国家的经济贸易发展水平和对外开放水平，世界经济范围内形成了若干个跨区域经济带，进一步加强了全球资源配置和经济贸易联系。我国倡导的共建丝绸之路经济带为增强我国与中亚地区、西亚地区和欧洲的经济联系发挥了重要的引领作用，展现了较强的国际经济合作潜力和动力。其中，商贸物流业发展成为共建丝绸之路经济带的关键组成部分之一。

---

① 阿布都伟力·买合普拉. 区域物流研究——基础理论和综述 [M]. 乌鲁木齐：新疆大学出版社，2014.

第一节　现代物流在丝绸之路经济带建设中的地位和作用

物流是特定经济带建设的重要支撑载体和经济贸易运行的物质载体，是特定经济带的重要构成因素。现代物流通过综合基础设施体系、物流服务企业、物流运行设施设备、物流制度合作等要素对整个经济带的高效运行起到重要的决定性作用。而经济带发展，依托自身的商业贸易交流资源和商品资源，又为物流产业的可持续发展提供源源不断的市场需求，增强物流产业发展动力，决定物流产业的运行规模等。

一、物流是丝绸之路经济带建设的重要产业支撑和载体

在全球化的今天，丝绸之路经济带建设关乎沿线各国的经济、政治、文化利益，物流作为丝绸之路经济带建设的重要产业支撑和载体，在丝绸之路经济带建设过程中将发挥重要的作用。加快"一带一路"建设，有利于促进沿线各国经济繁荣与区域经济合作，加强不同文明交流互鉴，促进世界和平发展，是一项造福世界各国人民的伟大事业。

共建丝绸之路顺应世界多极化、经济全球化、文化多样化、社会信息化的潮流，秉持开放的区域合作精神，致力于维护全球自由贸易体系和开放型世界经济。共建丝绸之路符合国际社会的根本利益，彰显人类社会共同理想和美好追求，是国际合作以及全球治理新模式的积极探索，将为世界和平发展增添新的正能量。[①]

"中欧班列"的开通，做实了丝绸之路经济带综合物流通道的形成和确立。通过中国通往欧洲铁路货运班列的可持续发展，最终形成了依托丝绸之路经济带的重要"中欧班列"国际货运品牌，并迅速扩大到我国沿线省（区、市）和若干经济中心区域，成为我国国际物流的重要创新发展模式。

---

① 国家发展和改革委员会，外交部，商务部. 推动共建丝绸之路经济带和 21 世纪海上丝绸之路的愿景与行动 [M]. 北京：人民出版社，2015.

丝绸之路经济带建设中提出的，"政策沟通、道路联通、贸易畅通、货币流通、民心相通"的五通道的建设都需要物流产业的综合支撑。首先，它是"五通"建设衔接的载体，丝绸之路经济带沿线所有的经贸关系都通过物流平台支撑，包括在丝绸之路经济带相关的各国之间、企业与政府、各企业之间签订的所有合同、协议的实施和落实都需要物流支撑。其次，物流是先导性基础产业，丝绸之路经济带的建设、实施必须优先发展现代物流产业。最后，物流是丝绸之路经济带建设中的主导产业，并且是潜力最大的经济增长点。

二、区域物流与丝绸之路经济带的关系

在经济全球化和区域经济一体化的背景下，区域物流活动日趋活跃，受到全世界的关注，作为联系区域生产和消费的纽带，区域物流是区域商贸流通与社会经济发展的重要支撑和保障，它通过以最优的速度、时间组合来实现商品生产—短横消费的转移，并最大限度地节省流通费用，对区域经济发展起到拉动和激活的作用。

经济带属于经济地理学的范畴。在现实经济活动中，经济带的发展需要以一定的交通运输干线为依托，并以其为发展轴，且以轴上经济发达的若干个大城市为核心，发挥经济集聚和辐射作用，同时，联结带动周围不同等级规模城市的经济发展，由此而形成点状密集、线状延伸、面状辐射的生产、流通、贸易一体化的带状经济区域。也就是说，丝绸之路经济带沿线中有部分产业发达的聚集区，这些产业发达的聚集区便是区域物流的节点，经济带是由点、线构成的产业带，其中的线，是指通道，点便是规模较大的产业聚集区、经济区域，区域物流（在此是指范围小于或等于一个国家或地区的区域物流）是整个经济带物流的块状构成部分。

区域经济的增长方式会随着现代物流的发展而改变。现代物流的发展会促进新的产业形态的形成、优化区域产业结构、促进以城市为中心的区域市场的形成和发展；同时，现代物流的发展，在一定程度上可以引导经济活动在空间的集聚、扩散与再集聚、再扩散，因此推动区域经济由非均衡向均衡发生转化。区域物流在区域经济当中发挥着双重功能，即引导功

能和从属功能。引导功能表现为物流对区域经济结构、功能和空间布局的引导和反馈，从属功能是指由多环节、多功能构成的物流系统必须为区域经济服务。

区域内物流基础设施的建设水平与区域经济发展状况是相辅相成的，若区域物流设施建设完备，那么该地区经济发展较快。同理，若区域经济发展较快，那么该地区的物流设施建设也会完善。因此，为发展区域经济，政府应该前瞻性建设物流基础设施，以满足区域经济社会发展的未来需求。同时，政府要有效、合理地配置物流资源，不断提高物流基础设施的运行效率，为推动区域经济发展发挥重要的推动作用。

总之，建设丝绸之路经济带必须以区域物流基础设施建设为基础和依托，物流是丝绸之路经济带的重要支撑，同时，丝绸之路经济带沿线国家和地区经济发展的水平也会对物流基础设施的建设产生重要影响，进而影响该区物流业的发展，也就是说，丝绸之路经济带是物流发展的平台。

第二节　丝绸之路经济带商贸物流发展框架

我国发布的《推动共建丝绸之路经济带和 21 世纪海上丝绸之路的愿景与行动》，围绕国际经济贸易合作提出了比较全面的行动倡议，其中关于国际经济贸易互动、便利化发展、推动全球经济稳定增长等诸多前瞻性理念，都包含了关于商业贸易和互联互通物流体系建设的重要内容。"一带一路"倡议围绕商业贸易合作和互联互通体系建设提出了相对明确的建设倡议和具体行动思路。

一、"一带一路"倡议的合作架构

国家发展改革委、外交部、商务部联合发布的《推动共建丝绸之路经济带和 21 世纪海上丝绸之路的愿景与行动》明确提出：共建"一带一路"旨在促进经济要素有序自由流动、资源高效配置和市场深度融合，推动沿线各国实现经济政策协调，开展更大范围、更高水平、更深层次的区域合作，共同打造开放、包容、均衡、普惠的区域经济合作架构。①

共建"一带一路"致力于亚欧非大陆及附近海洋的互联互通，建立和加强沿线各国互联互通伙伴关系，构建全方位、多层次、复合型的互联互通网络，实现沿线各国多元、自主、平衡、可持续发展。"一带一路"的互联互通项目将推动沿线各国发展战略的对接与耦合，挖掘区域内市场的潜力，促进投资和消费，创造需求和就业，增进沿线各国人民的人文交流与文明互鉴，让各国人民相逢相知、互信互敬，共享和谐、安宁、富裕的生活。

"一带一路"贯穿亚欧非大陆，一头是活跃的东亚经济圈，一头是发达的欧洲经济圈，中间广大腹地国家经济发展潜力巨大。丝绸之路经济带重点畅通中国经中亚、俄罗斯至欧洲（波罗的海）；中国经中亚、西亚至波斯湾、地中海；中国至东南亚、南亚、印度洋的渠道。21世纪海上丝绸之路重点方向是从中国沿海港口过南海到印度洋，延伸至欧洲；从中国沿海港口过南海到南太平洋。

根据"一带一路"走向，陆上依托国际大通道，以沿线中心城市为支撑，以重点经贸产业园区为合作平台，共同打造新亚欧大陆桥、中蒙俄、中国—中亚—西亚、中国—中南半岛等国际经济合作走廊；海上以重点港口为节点，共同建设通畅安全高效的运输大通道。中巴、孟中印缅两个经济走廊与推进"一带一路"建设关联紧密，要进一步推动合作，取得更大进展。

二、商贸物流合作重点

（一）设施联通

基础设施互联互通是"一带一路"建设的优先领域。在尊重相关国家主权和安全关切的基础上，"一带一路"沿线国家宜加强基础设施建设规划、技术标准体系的对接，共同推进国际骨干通道建设，逐步形成连接亚洲各次区域以及亚欧非之间的基础设施网络。强化基础设施绿色低碳化建

---

① 国家发展和改革委员会，外交部，商务部. 推动共建丝绸之路经济带和21世纪海上丝绸之路的愿景与行动［M］. 北京：人民出版社，2015.

设和运营管理，在建设中充分考虑气候变化影响。

抓住交通基础设施的关键通道、关键节点和重点工程，优先打通缺失路段，畅通瓶颈路段，配套完善道路安全防护设施和交通管理设施设备，提升道路通达水平。推进建立统一的全程运输协调机制，促进国际通关、换装、多式联运有机衔接，逐步形成兼容规范的运输规则，实现国际运输便利化。推动口岸基础设施建设，畅通陆水联运通道，推进港口合作建设，增加海上航线和班次，加强海上物流信息化合作。拓展建立民航全面合作的平台和机制，加快提升航空基础设施水平。

加强能源基础设施互联互通合作，共同维护输油、输气管道等运输通道安全，推进跨境电力与输电通道建设，积极开展区域电网升级改造合作。

共同推进跨境光缆等通信干线网络建设，提高国际通信互联互通水平，畅通信息丝绸之路。加快推进双边跨境光缆等建设，规划建设洲际海底光缆项目，完善空中（卫星）信息通道，扩大信息交流与合作。

（二）贸易畅通

投资贸易合作是"一带一路"建设的重要内容。宜着力研究解决投资贸易便利化问题，消除投资和贸易壁垒，构建区域内和各国良好的营商环境，积极同沿线国家和地区共同商建自由贸易区，激发释放合作潜力，做大做好合作"蛋糕"。

沿线国家宜加强信息互换、监管互认、执法互助的海关合作，以及检验检疫、认证认可、标准计量、统计信息等方面的双（多）边合作，推动世界贸易组织《贸易便利化协定》生效和实施。改善边境口岸通关设施条件，加快边境口岸"单一窗口"建设，降低通关成本，提升通关能力。加强供应链安全与便利化合作，推进跨境监管程序协调，推动检验检疫证书国际互联网核查，开展"经认证的经营者"（AEO）互认。降低非关税壁垒，共同提高技术性贸易措施透明度，提高贸易自由化便利化水平。

拓宽贸易领域，优化贸易结构，挖掘贸易新增长点，促进贸易平衡。创新贸易方式，发展跨境电子商务等新的商业业态。建立健全服务贸易促进体系，巩固和扩大传统贸易，大力发展现代服务贸易。把投资和贸易有机结合起来，以投资带动贸易发展。

加快投资便利化进程，消除投资壁垒。加强双边投资保护协定、避免双重征税协定磋商，保护投资者的合法权益。

拓展相互投资领域，开展农林牧渔业、农机及农产品生产加工等领域深度合作，积极推进海水养殖、远洋渔业、水产品加工、海水淡化、海洋生物制药、海洋工程技术、环保产业和海上旅游等领域合作。加大煤炭、油气、金属矿产等传统能源资源勘探开发合作，积极推动水电、核电、风电、太阳能等清洁、可再生能源合作，推进能源资源就地就近加工转化合作，形成能源资源合作上下游一体化产业链。加强能源资源深加工技术、装备与工程服务合作。

推动新兴产业合作，按照优势互补、互利共赢的原则，促进沿线国家加强在新一代信息技术、生物、新能源、新材料等新兴产业领域的深入合作，推动建立创业投资合作机制。

优化产业链分工布局，推动上下游产业链和关联产业协同发展，鼓励建立研发、生产和营销体系，提升区域产业配套能力和综合竞争力。扩大服务业相互开放，推动区域服务业加快发展。探索投资合作新模式，鼓励合作建设境外经贸合作区、跨境经济合作区等各类产业园区，促进产业集群发展。在投资贸易中突出生态文明理念，加强生态环境、生物多样性和应对气候变化合作，共建绿色丝绸之路。

中国欢迎各国企业来华投资。鼓励本国企业参与"一带一路"沿线国家基础设施建设和产业投资。促进企业按属地化原则经营管理，积极帮助当地发展经济、增加就业、改善民生，主动承担社会责任，严格保护生物多样性和生态环境。

三、合作机制

积极利用现有双（多）边合作机制，推动"一带一路"建设，促进区域合作蓬勃发展。加强双边合作，开展多层次、多渠道沟通磋商，推动双边关系全面发展。推动签署合作备忘录或合作规划，建设一批双边合作示范。建立完善双边联合工作机制,研究推进"一带一路"建设的实施方案、行动路线图。充分发挥现有联委会、混委会、协委会、指导委员会、管理委员会等双边机制作用,协调推动合作项目实施。

强化多边合作机制作用,发挥上海合作组织(SCO)、中国—东盟(10+1)、亚太经合组织(APEC)、亚欧会议(ASEM)、亚洲合作对话(ACD)、亚信会议(CICA)、中阿合作论坛、中国—海合会战略对话、大湄公河次区域(GMS)经济合作、中亚区域经济合作(CAREC)等现有多边合作机制作用,相关国家加强沟通,让更多国家和地区参与"一带一路"建设。

继续发挥"一带一路"沿线各国区域、次区域相关国际论坛、展会以及博鳌亚洲论坛、中国—东盟博览会、中国—亚欧博览会、欧亚经济论坛、中国国际投资贸易洽谈会,以及中国—南亚博览会、中国—阿拉伯博览会、中国西部国际博览会、中国—俄罗斯博览会、前海合作论坛等平台的建设性作用。支持沿线国家地方、民间挖掘"一带一路"历史文化遗产,联合举办专项投资、贸易、文化交流活动,办好丝绸之路(敦煌)国际文化博览会、丝绸之路国际电影节和图书展。倡议建立"一带一路"国际高峰论坛。

四、我国各地方开放布局

推进"一带一路"建设,我国将充分发挥国内各地区的比较优势,实行更加积极主动的开放战略,加强东中西互动合作,全面提升开放型经济水平。

(一)西北、东北地区

发挥新疆独特的区位优势和向西开放重要窗口作用,深化与中亚、南亚、西亚等国家和地区的交流合作,形成丝绸之路经济带上重要的交通枢纽、商贸物流和文化科教中心,打造丝绸之路经济带核心区。发挥陕西、甘肃综合经济文化和宁夏、青海民族人文优势,打造西安内陆型改革开放新高地,加快兰州、西宁开发开放,推进宁夏内陆开放型经济试验区建设，形成面向中亚、南亚、西亚国家的通道、商贸物流枢纽、重要产业和人文交流基地。发挥内蒙古联通俄蒙的区位优势，完善黑龙江对俄铁路通道和区域铁路网，以及黑龙江、吉林、辽宁与俄远东地区陆海联运合作，推进构建北京—莫斯科欧亚高速运输走廊，建设向北开放的重要窗口。

（二）西南地区

发挥广西与东盟国家陆海相邻的独特优势，加快北部湾经济区和珠江—西江经济带开放发展，构建面向东盟区域的国际通道，打造西南、中南地区开放发展新的战略支点，形成21世纪海上丝绸之路与丝绸之路经济带有机衔接的重要门户。发挥云南区位优势，推进与周边国家的国际运输通道建设，打造大湄公河次区域经济合作新高地，建设成为面向南亚、东南亚的辐射中心。推进西藏与尼泊尔等国家边境贸易和旅游文化合作。

（三）沿海和港澳台地区

利用长三角、珠三角、海峡西岸、环渤海等经济区开放程度高、经济实力强、辐射带动作用大的优势，加快推进中国（上海）自由贸易试验区建设，支持福建建设21世纪海上丝绸之路核心区。充分发挥深圳前海、广州南沙、珠海横琴、福建平潭等开放合作区作用，深化与港澳台合作，打造粤港澳大湾区。推进浙江海洋经济发展示范区、福建海峡蓝色经济试验区和舟山群岛新区建设，加大海南国际旅游岛开发开放力度。加强上海、天津、宁波—舟山、广州、深圳、湛江、汕头、青岛、烟台、大连、福州、厦门、泉州、海口、三亚等沿海城市港口建设，强化上海、广州等国际枢纽机场功能。以扩大开放倒逼深层次改革，创新开放型经济体制机制，加大科技创新力度，形成参与和引领国际合作竞争新优势，成为"一带一路"建设特别是21世纪海上丝绸之路建设的排头兵和主力军。发挥海外侨胞以及香港、澳门特别行政区的独特优势作用，积极参与和助力"一带一路"建设。为台湾地区参与"一带一路"建设做出妥善安排。

（四）内陆地区

利用内陆纵深广阔、人力资源丰富、产业基础较好优势，依托长江中游城市群、成渝城市群、中原城市群、呼包鄂榆城市群、哈长城市群等重点区域，推动区域互动合作和产业集聚发展，打造重庆西部开发开放重要支撑和成都、郑州、武汉、长沙、南昌、合肥等内陆开放型经济高地。加快推动长江中上游地区和俄罗斯伏尔加河沿岸联邦区的合作。建立中欧通道铁路运输、口岸通关协调机制，打造"中欧班列"品牌，建设沟通境内外、连接东中西的运输通道。支持郑州、西安等内陆城市建设航空港、国际陆港，加强内陆口岸与沿海、沿边口岸通关合作，开展跨境贸易电子商务服务试点。

第三节　丝绸之路经济带商贸物流建设目标

国家发展改革委、外交部、商务部联合发布的《推动共建丝绸之路经济带和21世纪海上丝绸之路的愿景与行动》明确提出"致力于亚欧非大陆及附近海洋的互联互通，建立和加强沿线各国互联互通伙伴关系，构建全方位、多层次、复合型的互联互通网络"。

一、丝绸之路经济带物流通道国内段布局

丝绸之路经济带国内段的空间布局主要是北、中、南三条大通道，分别从我国东部经济最发达的三大经济圈出发，依托国内交通干线，自东向西贯穿沿线重要节点城市，经新疆通向中亚、西亚、南亚和俄罗斯等地（见图3-1）。

北通道：起于"环渤海经济圈"，自京津唐地区经山西大同、内蒙古呼和浩特和额济纳，从伊吾进入新疆，经准东、富蕴、阿勒泰至哈萨克斯坦、俄罗斯等国。

中通道：起于"长三角经济圈"，自上海沿第二座欧亚大陆桥横穿我国中原地区及西北诸省，由哈密进入新疆，经乌鲁木齐、奎屯、精河，分

第三章 丝绸之路经济带商贸物流发展框架及建设目标

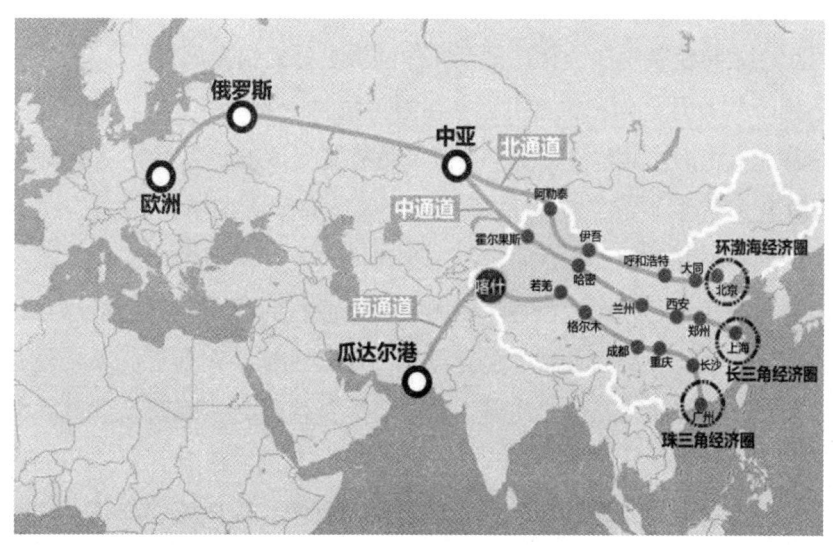

图 3-1 丝绸之路经济带国内通道布局

别从阿拉山口和霍尔果斯出境直通中亚到欧洲。

南通道：起于"珠三角经济圈"，自广州经长沙、重庆、成都、格尔木，由若羌进入新疆，经和田、喀什，南下印度洋沿岸的瓜达尔港，是一条极具战略意义的新通道。

二、国家领导重要倡导

2017年5月14日，国家主席习近平在北京出席"一带一路"国际合作高峰论坛时提出："设施联通是合作发展的基础。我们要着力推动陆上、海上、天上、网上四位一体的联通，聚焦关键通道、关键城市、关键项目，联结陆上公路、铁路道路网络和海上港口网络。我们已经确立'一带一路'建设六大经济走廊框架，要扎扎实实向前推进。要抓住新一轮能源结构调整和能源技术变革趋势，建设全球能源互联网，实现绿色低碳发展。要完善跨区域物流网建设。我们也要促进政策、规则、标准三位一体的联通，为互联互通提供机制保障。""一带一路"建设国际合作要继续把互联互通作为重点，以重大项目和重点工程为引领，推进公路、铁路、港口、航空、油气管道、电力、通信网络等领域合作，打造基础设施联通网络。我们决定继续积极推进经济走廊建设，办好经贸、产业合作园区，加强国际产能和装备制造合作，推动实体经济更好更快发展。①

2019年4月，国家主席习近平在第二届"一带一路"国际合作高峰论坛开幕式上指出：共建"一带一路"，关键是互联互通。我们应该构建全球互联互通伙伴关系，实现共同发展繁荣。只要大家齐心协力、守望相助，即使相隔万水千山，也一定能够走出一条互利共赢的康庄大道。基础设施是互联互通的基石，也是许多国家发展面临的"瓶颈"。建设高质量、可持续、抗风险、价格合理、包容可及的基础设施，有利于各国充分发挥资源禀赋，更好融入全球供应链、产业链、价值链，实现联动发展。中国将同各方继续努力，构建以新亚欧大陆桥等经济走廊为引领，以中欧班列、陆海新通道等大通道和信息高速公路为骨架，以铁路、港口、管网等为依托的互联互通网络。我们将继续发挥共建"一带一路"专项贷款、丝路基金、各类专项投资基金的作用，发展丝路主题债券，支持多边开发融资合作中心有效运作。我们欢迎多边和各国金融机构参与共建"一带一路"投融资，鼓励开展第三方市场合作，通过多方参与实现共同受益的目标。②

2021年11月，国家主席习近平在第三次"一带一路"建设座谈会上指出，"要深化互联互通，完善陆、海、天、网'四位一体'互联互通布局，深化传统基础设施项目合作，推进新型基础设施项目合作，提升规则标准等'软联通'水平，为促进全球互联互通做增量"③。

国家主要领导的上述倡导，在一定层面上体现了"一带一路"商贸物流的发展目标和期望。从倡导中可以看出，"一带一路"商贸物流合作不仅体现在陆、海、空等综合交通运输通道建设上，还体现在能源通道、通信通道、国际准则软联通等多元化层面。这些通道基础设施和制度合作机

---

① 新华社．习近平在"一带一路"国际合作高峰论坛圆桌峰会上的闭幕词［Z］．2017-05-15．

② 新华社．习近平在第二届"一带一路"国际合作高峰论坛开幕式上发表主旨演讲［Z］．2019-04-26．

③ 新华社．习近平在北京出席第三次"一带一路"建设座谈会并发表重要讲话［Z］．2021-11-19．

制的建设为具体的商业贸易交流活动发挥重要的支撑作用和牵引作用。

三、国家相关规划具体建设要求

党中央、国务院高度重视"一带一路"倡议的具体落实落地。国家发展改革委、交通运输部、商务部等部门负责设定"一带一路"具体建设目标。其中,交通基础设施合作是"一带一路"商贸物流合作的关键领域,交通等行业主管部门是落实"一带一路"商贸物流发展倡议的关键部门系统。国家交通运输等部门在党中央、国务院的指导下,出台了一系列落实落地工作思路和规划方案,具体反映了"一带一路"商贸物流的发展要求和建设目标。

2017年2月,国务院颁发了《"十三五"现代综合交通运输体系发展规划》,提出打造"一带一路"互联互通开放通道,着力打造丝绸之路经济带国际运输走廊。以新疆为核心区,发挥陕西、甘肃、宁夏、青海的区位优势,连接陆桥和西北北部运输通道,逐步构建经中亚、西亚分别至欧洲、北非的西北国际运输走廊。

2019年9月,中共中央、国务院印发了《交通强国建设纲要》,提出:到2035年,基本形成"全国123出行交通圈"(都市区1小时通勤、城市群2小时通达、全国主要城市3小时覆盖)和"全球123快货物流圈"(国内1天送达、周边国家2天送达、全球主要城市3天送达),旅客联程运输便捷顺畅,货物多式联运高效经济。构建互联互通、面向全球的交通网络。以丝绸之路经济带六大国际经济合作走廊为主体,推进与周边国家铁路、公路、航道、油气管道等基础设施互联互通。提高海运、民航的全球连接度,建设世界一流的国际航运中心,推进21世纪海上丝绸之路建设。拓展国际航运物流,发展铁路国际班列,推进跨境道路运输便利化,大力发展航空物流枢纽,构建国际寄递物流供应链体系,打造陆海新通道。维护国际海运重要通道安全与畅通。①

---

① 新华社. 中共中央、国务院印发了《交通强国建设纲要》[Z]. 2019-09-19.

2021年2月，中共中央、国务院印发了《国家综合立体交通网规划纲要》，提出："服务'一带一路'建设，加强国际互联互通，深化交通运输开放合作，提高全球运输网络和物流供应链体系安全性、开放性、可靠性。""围绕陆海内外联动、东西双向互济的开放格局，着力形成功能完备、立体互联、陆海空统筹的运输网络。发展多元化国际运输通道，重点打造新亚欧大陆桥、中蒙俄、中国—中亚—西亚、中国—中南半岛、中巴、中尼印和孟中印缅等7条陆路国际运输通道。发展以中欧班列为重点的国际货运班列，促进国际道路运输便利化。强化国际航运中心辐射能力，完善经日韩跨太平洋至美洲，经东南亚至大洋洲，经东南亚、南亚跨印度洋至欧洲和非洲，跨北冰洋的冰上丝绸之路4条海上国际运输通道，保障原油、铁矿石、粮食、液化天然气等国家重点物资国际运输，拓展国际海运物流网络，加快发展邮轮经济。依托国际航空枢纽，构建四通八达、覆盖全球的空中客货运输网络。建设覆盖五洲、连通全球、互利共赢、协同高效的国际干线邮路网。"①

国家重大交通规划设定了围绕"一带一路"倡议的国际运输走廊建设目标，并布局了围绕各大陆上经济走廊的陆路国际运输通道，包括铁路通道、航空通道的建设布局目标。这些运输走廊和通道布局要为国家能源安全、粮食安全等重点物资国际运输发挥重要保障作用。围绕各大经济走廊的通道建设是"一带一路"商贸物流发展的重要阶段性建设目标，要形成相应的陆、海、空、管道等通道结构，着力推动经济走廊的实质性建设和发展。

四、部分专项规划建设目标

（一）中欧国际班列规划

中欧班列（China Railway express，CR express）是由中国铁路总公司组织，按照固定车次、线路、班期和全程运行时刻开行，运行于中国与欧

---

① 新华社. 中共中央、国务院印发了《国家综合立体交通网规划纲要》[Z]. 2021-02-24.

洲以及"一带一路"沿线国家间的集装箱等铁路国际联运列车,是深化我国与沿线国家经贸合作的重要载体和推进"一带一路"建设的重要抓手。目前,依托西伯利亚大陆桥和新亚欧大陆桥,已初步形成西、中、东3条中欧班列运输通道。随着"一带一路"建设不断推进,我国与欧洲及沿线国家的经贸往来发展迅速,物流需求旺盛,贸易通道和贸易方式不断丰富和完善,为中欧班列带来了难得的发展机遇,也对中欧班列建设提出了新的更高要求。《中欧班列建设发展规划(2016—2020)》指出,到2020年,基本形成布局合理、设施完善、运量稳定、便捷高效、安全畅通的中欧班列综合服务体系。中欧铁路运输通道基本完善,中欧班列枢纽节点基本建成,货运集聚效应初显;中欧班列年开行5000列左右,回程班列运量明显提高,国际邮件业务常态化开展;方便快捷、安全高效、绿色环保的全程物流服务平台基本建成,品牌影响力大幅提升;通关便利化水平大幅提升,"单一窗口"模式基本实现全线覆盖。中欧班列通道不仅连通欧洲及沿线国家,也连通东亚、东南亚及其他地区;不仅是铁路通道,也是多式联运走廊。

中欧铁路运输通道分为西通道、中通道、东通道,中欧铁路通道规划图见图3-2。按照铁路"干支结合、枢纽集散"的班列组织方式,在内陆主要货源地、主要铁路枢纽、沿海重要港口、沿边陆路口岸等地规划设立一批中欧班列枢纽节点,依据境外货源集散点及铁路枢纽情况,合理设置中欧班列境外节点,中欧班列枢纽节点规划图见图3-3。中欧班列运行线分为中欧班列直达线和中欧班列中转线。中欧班列直达线是指内陆主要货源地节点、沿海重要港口节点与国外城市之间开行的点对点班列线;中欧班列中转线是指经主要铁路枢纽节点集结本地区及其他城市零散货源开行的班列线。《中欧班列建设发展规划(2016—2020)》提出,要重点完善境内通道网络,畅通瓶颈路段,提升三大通道境内段路网运能,加快库尔勒—格尔木、兰渝等铁路建设,推进集宁—二连浩特等铁路扩能改造。根据需要和进展情况,适时开展阿克苏—喀什段扩能、和田—若羌—罗布泊、喀什—红其拉甫等铁路项目前期研究。

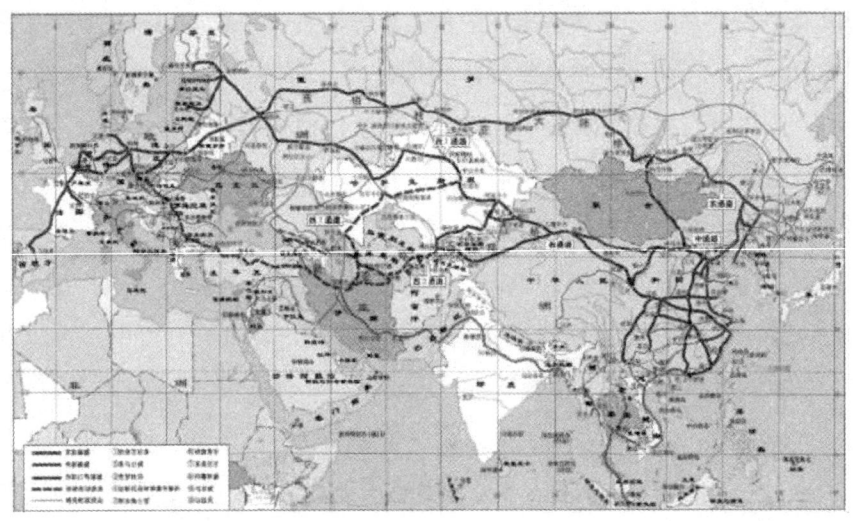

图 3-2　中欧铁路通道规划图

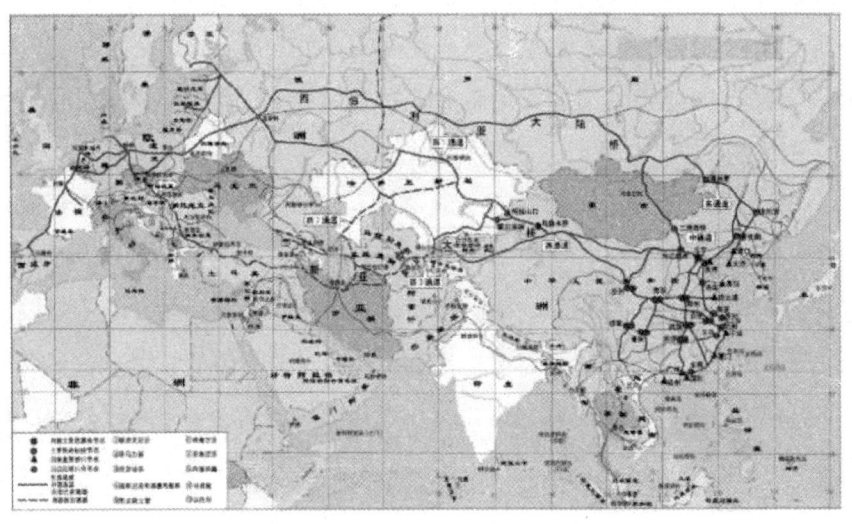

图 3-3　中欧班列枢纽节点规划图

（二）西部大开发规划

《西部大开发"十三五"规划》按照主体功能定位、现有发展基础和资源环境承载能力，以"一带一路"建设、京津冀协同发展、长江经济带发展为引领，以重要交通走廊和中心城市为依托，着力培育若干带动区域协调协同发展的增长极，构建以陆桥通道西段、京藏通道西段、长江—川藏通道西段、沪昆通道西段、珠江—西江通道西段为五条横轴，以包昆通道、呼（和浩特）南（宁）通道为两条纵轴，以沿边重点地区为一环的"五横两纵一环"西部开发总体空间格局（见图3-4）。

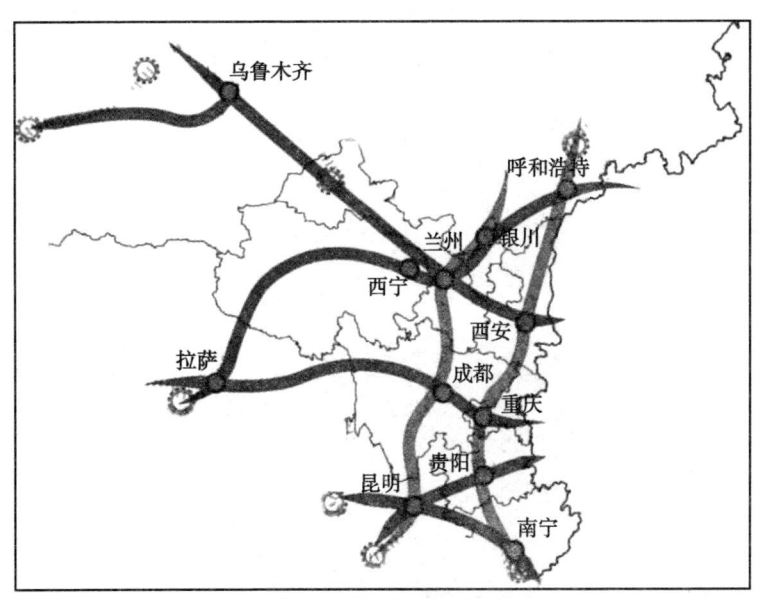

图3-4 "十三五"西部大开发空间格局

以推进"一带一路"建设为统领，充分发挥西部各省（区、市）比较优势，围绕政策沟通、道路联通、贸易畅通、货币流通、民心相通，加快推进中蒙俄、新亚欧大陆桥、中国—中亚—西亚、中国—中南半岛、中巴、孟中印缅等国际经济走廊境内段建设，提升对西部地区开发开放的支撑能力。

加快构建联通内外、安全高效的跨境基础设施网络，稳步拓展内陆无水港体系。提升重点省会城市国际化水平和辐射带动能力，打造西部地区对外开放重要门户和枢纽。完善多层次对外交流合作平台体系，夯实"一带一路"沿线国家和地区民心相通、共同发展的民意基础。①

---

① 国家发展和改革委员会. 西部大开发"十三五"规划［Z］. 2017-01.

(三)中巴经济走廊建设目标

中巴经济走廊(CPEC)是李克强总理于 2013 年 5 月访问巴基斯坦时提出的。初衷是加强中巴之间交通、能源、海洋等领域的交流与合作,加强两国互联互通,促进两国共同发展。中巴经济走廊起点在喀什,终点在巴基斯坦瓜达尔港,全长 3000 公里,北接丝绸之路经济带、南连 21 世纪海上丝绸之路,是贯通南北丝路的关键枢纽,是一条包括公路、铁路、油气和光缆通道在内的贸易走廊,也是"一带一路"的重要组成部分,中巴经济走廊示意图见图 3-5。

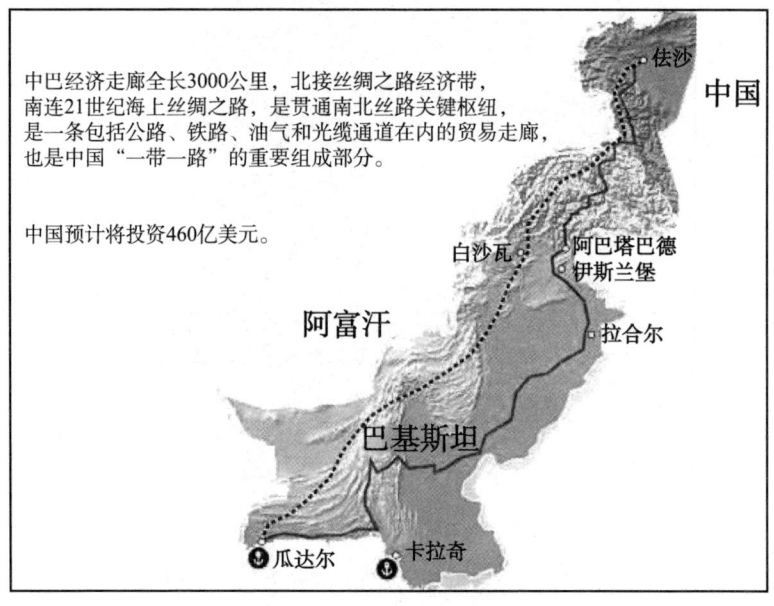

图 3-5　中巴经济走廊示意图

1. 它是"一带一路"倡议推进的"试点区"

中国政府正式提出将中巴经济走廊纳入"一带一路"倡议,最先启动了瓜达尔港建设项目。可以说,中巴经济走廊是"一带一路"倡议实施的里程碑项目。

2. 它是"一带一路"倡议成效的"示范区"

基于巴中之间睦邻友好关系的典范,中巴经济走廊涉及港口建设、能源管道、交通基础建设、产业合作等重点领域,具有较强的示范效应。中巴经济走廊会对"一带一路"大区域产生重大影响。

3. 它是"一带一路"倡议实践的"创新区"

中巴经济走廊正是打通 21 世纪海上丝绸之路与丝绸之路经济带两个战略的连接区、交会区、受益区,正在成为中巴深层经贸合作的新平台,中巴经济走廊项目具有一定的开创性。

总体上讲,丝绸之路经济带商贸物流体系的建设目标是全面实现我国与经济带沿线国家的有效互联互通,增强国家和地区间的经济贸易联系,加大市场开放力度,相互创造更多的投资开发机会,发展互补性的进出口贸易,增强能源、稀缺资源等领域的有效贸易合作,构建便利化的国际物流运行模式,建立高效的工作联系机制和协商制度,全面实现基于国际规则的贸易、物流制度合作,加强相互市场主体间的紧密市场联系等,最终有效构建支撑经济带常态化运行的要素体系,促进沿线地区的经济社会可持续发展,推进经济全球化和区域经济一体化,为人类经济社会协调发展贡献更多积极力量。

经济带建设作为一个经济地理学的范畴,需要依托相对稳定的基础设施体系、枢纽城市和贸易物流节点体系等,通过贸易、物流通道的有效运行保障国际贸易的可持续发展。作为一个新兴国际经济带——丝绸之路经济带要有效构建和完善相对稳定的物流基础设施体系,开辟综合性物流运输线路,打造经济带沿线的枢纽区域和节点区域,为国际物流活动的连续性和有效链接提供高效的流通体系服务。新疆作为丝绸之路经济带的核心区,在中西贸易交流中以及综合物流枢纽体系的建设中发挥重要的枢纽地带作用。新疆既是我国向西进出口的前沿阵地,又是开辟中欧陆上贸易通道的核心起点。新疆综合物流枢纽体系的建设以及国际化物流服务能力的形成对整个丝绸之路经济带商贸物流的有效运行发挥重要的决定性作用。同时,新疆的区域物流体系建设要全面分析和梳理丝绸之路经济带的建设需求,科学、合理地确定自身的区域物流功能,构建高层次、国际化的物流服务体系,为实现丝绸之路经济带商贸物流体系建设目标做出积极的区域贡献。

第四章

新疆区域物流发展政策背景

党的十八大以来，党中央、国务院高度重视现代流通体系建设，加强流通体系规划建设，出台一系列推动物流业高质量发展意见。这些规划对现代流通体系建设进行布局、系统谋划，提出一系列可操作、可落地的重点任务，对畅通经济循环具有开创性意义。建设现代流通体系是构建以国内大循环为主体、国内国际双循环相互促进的新发展格局的一项重要战略任务。国内国际双循环发展的一个重要环节是打通由于地区分割、部门分割、制度分割而形成的流通体系的堵点，构建畅通高效的国内统一大市场，不断提高国内市场与国际市场的对接水平。"一带一路"建设纵深发展是构建国内国际双循环流通体系的重要支撑和保障，是我国构建现代化流通体系的重要依托载体。新疆作为丝绸之路经济带核心区，其物流基础设施体系的建设以及向西国际物流通道的枢纽功能，越来越多地受到国家宏观产业规划的有效指引，现代流通体系建设不断实现转型升级，服务丝绸之路经济带建设和国家向西开发倡议的支撑能力得到进一步加强。

第一节　国家"十四五"流通体系规划发展要求

国家发展改革委发布的《"十四五"现代流通体系建设规划》是首部围绕流通体系建设的五年规划，对我国现代物流产业体系建设具有重要的指导意义。在我国新发展格局背景下，将流通体系现代化放在十分重要的位置是党中央、国务院围绕我国经济社会高质量发展做出的重大举措之一，对促进全国统一市场的形成以及国内国际双循环发展具有重要的政策指导意义。①

流通产业发展对于新疆这样偏远的西部内陆地区具有重要的开放型经济发展意义。通过流通体系的现代化建设，新疆能够增强与西部、中部和沿海地区之间的互联互通联系，加快其商贸流通业高质量发展，全面增强服务丝绸之路经济带建设的区域支撑能力，为促进新疆区域经济社会发展发挥重要的引领作用。

《"十四五"现代流通体系建设规划》的主要建设目标、发展方向对新疆构建现代化流通体系具有重要的政策指导意义和物流产业发展宏观导向意义。尤其是该规划中关于"加快发展现代物流体系"的具体建设要求，对新疆区域物流加快发展产生重要的、直接的指导作用。

一、主要目标

到2025年，现代流通体系加快建设，商品和资源要素流动更加顺畅，商贸、物流设施更加完善，国内外流通网络和服务体系更加健全，流通业态模式更加丰富多元，流通市场主体更具活力，交通承载能力和金融信用支撑能力明显增强，应急保障能力和绿色发展水平显著提升，流通成本持续下降、效率明显提高，对畅通国民经济循环的基础性、先导性、战略性作用显著提升。

展望2035年，现代流通体系全面建成，形成覆盖全球、安全可靠、高效畅通的流通网络，流通运行效率和质量达到世界先进水平，参与国际合作和竞争新优势显著增强，对现代化经济体系形成高效支撑，为满足人民美好生活需要提供坚实保障。

二、发展方向

（一）提高流通现代化水平

把握新一轮科技革命和产业变革历史机遇，加快流通体系现代化建设步伐，提升流通数字化、组织化、绿色化、国际化发展水平。强化流通各

---

① 国家发展和改革委员会."十四五"现代流通体系建设规划[Z]. 2022-03-25.

环节各领域数字赋能，拓展流通领域数字化应用深度广度，加快流通设施智能化建设和升级改造，促进流通业态模式创新发展。强化流通对商品和资源要素配置的组织作用，推动流通企业和平台资源整合，促进产业链供应链高效运行、供需精准适配。贯彻绿色发展理念，坚持走绿色低碳发展新路，加大绿色技术装备推广应用，加快流通设施节能改造，降低流通全过程资源消耗和污染排放。立足高水平对外开放，加强流通领域国际合作，深度融入全球产业链供应链，提升全球资源要素配置能力，助力我国产业迈向全球价值链中高端。

（二）构建内畅外联现代流通网络

服务商品和资源要素跨区域、大规模流通，优化商贸、物流、交通等设施空间布局，构建东西互济、南北协作、内外联通的现代流通骨干网络。依托全国优势资源地、产业和消费集聚地，布局建设一批流通要素集中、流通设施完善、新技术新业态新模式应用场景丰富的现代流通战略支点城市。服务区域重大战略、区域协调发展战略、主体功能区战略实施，打造若干设施高效联通、产销深度衔接、分工密切协作的骨干流通走廊，串接现代流通战略支点城市，进一步发挥现代流通体系的市场链接和产业组织作用。

（三）发展有序高效现代流通市场

着眼商品和资源低成本、高效率自由流动，健全统一的市场规则和制度体系，构建类型丰富、统一开放、公平有序、配套完善的高水平现代流通市场。推进商贸市场、物流市场和交通运输市场融合联动、有机协同，充分释放各类市场活力。深化金融供给侧结构性改革，完善流通领域信用治理，强化流通领域金融有效供给和信用支撑保障。

（四）培育优质创新现代流通企业

支持流通企业做大做强做优，增强创新创造力和核心竞争力，更好地发挥在现代流通体系建设中的主体地位。支持现代流通企业网络化发展，对内优化升级商贸和物流网络，对外整合利用全球资源，构筑成本低、效率高、韧性强的全球流通运营渠道，培育国际合作和竞争新优势。推动现代流通企业一体化发展，促进商贸物流融合，深度嵌入工农业生产各环节，打造跨界融合发展新业态。鼓励现代流通企业生态化发展，引导大中小企业基于流通供应链、数据链、价值链开展深度对接，构建资源共享、协同发展的流通新生态。

三、加快发展现代物流体系

顺应物流运行网络化发展趋势，推进物流基础设施和服务能力建设，加快构建经济高效、绿色智能、安全稳定的现代物流体系。

（一）构建现代物流基础设施网络

建设国家物流枢纽网络。加快国家物流枢纽布局建设，重点补齐中西部地区短板，构建全国骨干物流设施网络。畅通干线物流通道，加强枢纽互联，推动枢纽干支仓配一体建设，打造"通道+枢纽+网络"物流运行体系。完善枢纽国际物流服务功能，衔接国际物流通道，实现国内国际物流网络融合。

完善区域物流服务网络。强化物流基础设施互联互通和信息共享，构建支撑现代流通的多层级物流服务体系。围绕产业集聚区和消费集中地，加快推动物流园区、物流中心、配送中心等基础设施建设，对接国家物流枢纽，提高一体化、集约化物流组织服务能力。完善城市配送设施，大力发展共同配送，提高配送效率。依托商贸、供销、交通、邮政快递等城乡网点资源，完善县乡村快递物流配送体系，提升末端网络服务能力。推动建设绿色物流枢纽、园区，引导企业创新开展绿色低碳物流服务。

健全冷链物流设施体系。推进国家骨干冷链物流基地布局建设，加强与国家物流枢纽运行衔接，构建冷链物流骨干网络。加强农产品产地预冷、分拣包装、移动冷库等设施建设，补齐生鲜农产品流通"最先一公里"短板，提高商品化处理水平；加强销地高标准冷库和冷链分拨配送设施建设，推动农产品批发市场以及商超等零售网点冷链物流设施改造升级，推广新能源配送冷藏车，提高"最后一公里"冷链物流服务效率。加大冷链物流全流程监管力度，消除"断链"隐患，减少生鲜农产品流通领域损耗，保障食品安全。严格落实疫情防控要求，健全进口冷链食品检验检疫制度。

（二）拓展物流服务新领域新模式

加快发展多种形式的铁路快运。加快铁路（高铁）快运基础设施网络建设，加强与存储、分拨、配送等设施衔接，统筹高铁与普铁快运设施协调利用。开展高铁多样式、大批量快件运输试点，逐步构建多点覆盖、灵活组织的铁路（高铁）快运服务网络。推进高铁快运与电商快递等衔接融合，加强铁路干线对接公路集疏运、国际航空运输网络，提高铁路（高铁）快运组织化水平。

推进物流与相关产业融合创新发展。加强物流基础设施与工业园区、商品交易市场等统筹布局、联动发展，推进国家物流枢纽经济示范区建设，培育壮大枢纽经济。支持物流企业与生产制造、商贸流通企业深度协作，创新供应链协同运营模式，拓展冷链物流、线边物流、电商快递等物流业态。推进物流与生产、制造、采购、分销、结算等服务有机融合，营造物流与产业互促发展生态。

推广集约智慧绿色物流发展新模式。拓展物流信息平台功能，优化车、船、仓等分散物流资源供需对接，提升物流规模化组织水平。打造国家物流枢纽运营平台，集成储、运、仓、配等物流服务，创新一体化物流组织模式。搭建供应链服务平台，提供信息、物流等综合服务。加快发展智慧物流，积极应用现代信息技术和智能装备，提升物流自动化、无人化、智能化水平。扩大新能源运输工具的应用范围，推广绿色包装技术和物流标准化器具循环共用。鼓励构建线上线下融合的废旧物资逆向物流体系，促进废旧物品、包装等回收再利用。

（三）培育充满活力现代物流企业

提升物流企业网络化经营能力。支持骨干物流企业通过兼并重组、联盟合作等方式加强资源整合，优化网络布局，引导企业集约化、规模化经营。引导水运、航空货运、铁路货运、邮政快递等领域龙头企业，对接国内国际物流通道，加快境内外节点设施布局，构建网络化运营体系。强化各类企业协同合作和互补衔接，优化物流组织模式，完善全球物流服务网络。鼓励物流企业深度参与国际贸易网络，延伸物流大数据等服务，提升全链条物流服务效能。

提高物流企业专业化服务水平。支持物流企业做专做优，提高普货运输、通用仓储等基础业务专业化水准，提升对接多元化物流需求的专业物流服务能力。引导物流企业与能源、粮食、矿石等大宗商品贸易企业紧密协作，提供国内国际采购、运输、仓储等规模化、协同化服务。支持大件物流企业优化跨区域运输线路，构建多种运输方式协调衔接的大件物流网络，提供规范化、个性化服务。培育壮大医药物流企业，创新医药流通模式，提升医药流通效率和全过程品质管控能力。推动危险化学品物流企业加强设施设备投入和技术改造，完善物流作业规范，发展罐箱多式联运，提高危险化学品运输安全水平。支持网络化、专业化龙头物流企业与中小微企业紧密对接，畅通物流末端微循环，共同打造优势互补、高效协作的物流企业生态。

（四）提升多元化国际物流竞争力

加强国际航空物流能力建设。面向产业发展和消费升级等需要，完善提升综合性机场货运设施能力和服务品质，稳妥有序推进专业性货运枢纽机场建设，鼓励航空物流企业与机场共同打造航空物流枢纽，发展轴辐式航空货运组织模式，构建畅通周边国家、辐射全球的航空物流网络。支持优势企业强强联合，建设强大的国际货运机队，打造一体运作的国际航空物流运营平台，增强国际航空物流组织能力。实施快递"出海"工程，加快构建多点支撑的寄递网络。

拓展内陆国际联运通道。巩固提升中欧班列良好发展态势，进一步优化班列开行方案，打造班列信息平台，加快集结中心示范工程建设，提升境内外节点对接水平，促进进出口均衡和稳定安全开行。加强内陆地区对接沿海港口国际联运通道建设，优化西部陆海新通道等通道运输组织，积极构建中国—东盟多式联运联盟等国际化平台，提升国际多式联运组织水平，促进中西部地区双向开放。完善双（多）边国际道路运输协定体系，拓展国际道路运输网络，加快培育共同运输市场。

提升国际海运服务水平。拓展沿海港口国际航线网络，加强上海港、大连港、天津港、青岛港、连云港港、宁波舟山港、厦门港、深圳港、广州港、北部湾港、洋浦港等国际枢纽海港建设，提升中转辐射组织能力，完善航运交易、国际贸易、金融保险等综合服务功能。加快宁波舟山国家大宗商品储运基地建设，建设具有国际影响力的大宗商品交易中心。提高航运企业供应链组织、箱货匹配能力，深化与外贸企业物流信息对接，整合国内外物流网络资源，组建世界一流船队，培育海运国际竞争优势。推动区块链在国际航运领域的应用，探索签发区块链电子提单。

增强口岸物流服务能力。优化国家口岸空间布局，增强港口、机场、陆路边境口岸等国际物流服务能力。强化口岸通关、转运、换装、查验、信息等基础设施配套，重点提升中亚、中蒙俄等方向铁路口岸换装能力。合理布局建设进出境邮件快件处理中心，完善综合保税区、保税物流中心、保税仓库等配套设施和服务平台，提升保税物流发展水平。强化海南自由贸易港、自由贸易试验区、边境经济合作区、跨境经济合作区、重点开发开放试验区国际物流设施建设。

（五）加强高效应急物流体系建设

建立健全应急物流快速响应机制。优化应急物资储备布局，打造层次分明、类型合理、协同高效的应急物资储备节点网络。根据突发事件性质、严重程度、可控性和影响范围等，分级、分类建立应急物流预案及响应机制，细化物流资源投入结构、运行组织方式等，明确分工与协作职责，适时开展应急演练，确保预案科学实用。增强应急物流社会动员能力，建立以企业为主体的应急物流队伍，完善物流企业平急转换机制，强化跨区域、跨领域应急物流协调组织，提升应急物流资源统筹调用能力，加强应急时期运输绿色通道和物资中转调运站建设，确保应急物资及时调配到位。健全应急物流运转保障机制，引导建立应急物流大数据平台，推动与应急管理信息平台数据共享，完善信息采集、动态监测、数据分析、风险预警、信息发布等功能，重点加强对物流大面积中断风险的研究评估,提高应急物流组织能力。

提高物流体系韧性。依托重要物流枢纽设施,布局建设应急物流核心枢纽。加快交通物流设施应急功能改造,完善骨干物流通道多向调运功能,提高设施修复和通道抢通、保通、复通能力。推动铁路快运、公路转运、货运包机等多元替代,确保异常情况下应急物流正常运行。强化干线、支线、末端应急物流组织衔接,提高应急物资接取送达效率。开拓多元化国际物流通道,做好应对物流中断的预案,有效防范能源、粮食和产业链供应链重点产品断供风险。加强城乡末端通行管理,保障粮食、蔬菜等农产品以及饲料、农资等稳定供应。强化应急物流体系对产业备份系统的支撑保障,提升产能储备投产转化、快速转运能力。

第二节 国家"十四五"物流规划发展要求

国家发布的《"十四五"现代物流发展规划》是围绕我国的物流产业有效发展提出的重要专项规划。该规划分析了我国的物流产业发展现状和形势,指出了构建我国现代物流体系的总体要求和重点方向,梳理了我国加快培育现代物流转型升级新动能,展现了我国现代物流发展的重点领域和潜力,最后提出了现代物流业高质量发展的支撑要素和保障体系。[①] 该规划的指导思想、重点建设目标和任务,对新疆现代物流体系建设具有重要的行业指导作用。

建设丝绸之路经济带商贸物流中心和交通枢纽中心是新疆现代物流体系建设的重要目标和方向。国家出台现代物流业专项规划,对新疆现代物流体系建设具有直接的产业指导意义。新疆物流产业发展要紧紧围绕国家产业规划的导向和要求,积极吸收国内发达地区物流产业发展的先进模式,结合自身的区位优势和发展潜力,积极探索符合自身经济地理条件的现代物流业发展体系。

---

① 国家发展和改革委员会."十四五"现代物流发展规划[Z].2022-05-22.

一、主要目标

到 2025 年，基本建成供需适配、内外联通、安全高效、智慧绿色的现代物流体系。

1. 物流创新发展能力和企业竞争力显著增强

物流数字化转型取得显著成效，智慧物流应用场景更加丰富。物流科技创新能力不断增强，产学研结合机制进一步完善，建设一批现代物流科创中心和国家工程研究中心。铁路、民航等领域体制改革取得显著成效，市场活力明显增强，形成一批具有较强国际竞争力的骨干物流企业和知名服务品牌。

2. 物流服务质量明显提升

跨物流环节衔接转换、跨运输方式联运效率大幅提高，社会物流总费用与国内生产总值的比率较 2020 年下降 2 个百分点左右。多式联运、铁路（高铁）快运、内河水运、大宗商品储备设施、农村物流、冷链物流、应急物流、航空物流、国际寄递物流等重点领域补短板取得明显成效。通关便利化水平进一步提升，城乡物流服务均等化程度明显提高。

3. "通道+枢纽+网络"运行体系基本形成

衔接国家综合立体交通网主骨架，完成 120 个左右国家物流枢纽、100 个左右国家骨干冷链物流基地布局建设，基本形成以国家物流枢纽为核心的骨干物流基础设施网络。物流干支仓配一体化运行更加顺畅，串接不同运输方式的多元化国际物流通道逐步完善，畅联国内国际的物流服务网络更加健全。枢纽经济发展取得成效，建设 20 个左右国家物流枢纽经济示范区。

4. 安全绿色发展水平大幅提高

提高重大疫情、自然灾害等紧急情况下物流对经济社会运行的保障能力。冷链物流全流程监测能力大幅增强，生鲜产品冷链流通率显著提升。货物运输结构进一步优化，铁路货运量占比较 2020 年提高 0.5 个百分点，集装箱铁水联运量年均增长 15% 以上，铁路、内河集装箱运输比重和集装箱铁水联运比重大幅上升。面向重点品类的逆向物流体系初步建立，资源集约利用水平明显提升。清洁货运车辆广泛应用，绿色包装应用取得明显成效，物流领域节能减排水平显著提高。

5. 现代物流发展制度环境更加完善

物流标准规范体系进一步健全，标准化、集装化、单元化物流装载器具和包装基础模数广泛应用。社会物流统计体系、信用体系更加健全，营商环境持续优化，行业协同治理体系不断完善、治理能力显著提升。

展望2035年，现代物流体系更加完善，具有国际竞争力的一流物流企业成长壮大，通达全球的物流服务网络更加健全，对区域协调发展和实体经济高质量发展的支撑引领更加有力，为基本实现社会主义现代化提供坚实保障。

二、现代物流发展重点方向

（一）加快物流枢纽资源整合建设

深入推进国家物流枢纽建设，补齐内陆地区枢纽设施结构和功能短板，加强业务协同、政策协调、运行协作，加快推动枢纽互联成网。加强国家物流枢纽铁路专用线、联运转运设施建设，有效衔接多种运输方式，强化多式联运组织能力，实现枢纽间干线运输密切对接。依托国家物流枢纽整合区域物流设施资源，引导应急储备、分拨配送等功能设施集中集约布局，支持各类物流中心、配送设施、专业市场等与国家物流枢纽功能对接、联动发展，促进物流要素规模集聚和集成运作。

（二）构建国际国内物流大通道

依托国家综合立体交通网和主要城市群、沿海沿边口岸城市等，促进国家物流枢纽协同建设和高效联动，构建国内国际紧密衔接、物流要素高效集聚、运作服务规模化的"四横五纵、两沿十廊"物流大通道。"四横五纵"国内物流大通道建设，要畅通串接东中西部的沿黄、陆桥、长江、广昆等物流通道和连接南北方的京沪、京哈—京港澳（台）、二连浩特至北部湾、西部陆海新通道、进出藏等物流通道，提升相关城市群、陆上口岸城市物流综合服务能力和规模化运行效率。加快"两沿十廊"国际物流大通道建设,对接《区域全面经济伙伴关系协定》(RCEP)等,强化服务共建"一带一路"的多元化国际物流通道辐射能力。

(三)完善现代物流服务体系

围绕做优服务链条、做强服务功能、做好供应链协同,完善集约高效的现代物流服务体系,支撑现代产业体系升级,推动产业迈向全球价值链中高端。加快运输、仓储、配送、流通加工、包装、装卸等领域数字化改造、智慧化升级和服务创新,补齐农村物流、冷链物流、应急物流、航空物流等专业物流短板,增强专业物流服务能力,推动现代物流向供应链上下游延伸。

(四)延伸物流服务价值链条

把握物流需求多元化趋势,加强现代物流科技赋能和创新驱动,推进现代物流服务领域拓展和业态模式创新。发挥现代物流串接生产消费作用,与先进制造、现代商贸、现代农业融合共创产业链增值新空间。提高物流网络对经济要素高效流动的支持能力,引导产业集群发展和经济合理布局,推动跨区域资源整合、产业链联动和价值协同创造,发展枢纽经济、通道经济新形态,培育区域经济新增长点。

(五)强化现代物流对社会民生的服务保障

围绕更好地满足城乡居民生活需要,适应扩大内需、消费升级趋势,优化完善商贸、快递物流网络。完善城市特别是超大、特大城市物流设施网络,健全分级配送体系,实现干线、支线物流和末端配送有机衔接、一体化运作,加强重点生活物资保障能力。补齐农村物流设施和服务短板,推动快递服务基本实现直投到建制村,支撑扩大优质消费品供给。加快建立覆盖冷链物流全链条的动态监测和追溯体系,保障食品、药品消费安全。鼓励发展物流新业态新模式,创造更多就业岗位,保障就业人员权益,促进灵活就业健康发展。

(六)提升现代物流安全应急能力

统筹发展和安全,强化重大物流基础设施安全和信息安全保护,提升战略物资、应急物流、国际供应链等保障水平,增强经济社会发展韧性。健全大宗商品物流体系。加快构建全球供应链物流服务网络,保持产业链供应链稳定。充分发挥社会物流作用,推动建立以企业为主体的应急物流队伍。

第三节 新疆"十四五"物流规划发展要求

丝绸之路经济带建设实施以来,新疆区位优势进一步体现,在国家向西开发战略中发挥越来越重要的桥头堡作用。在这种背景下,自治区党委和政府委托国家发展和改革委员会、商务部相关研究机构完成了《新疆商贸物流中心建设规划》等重要专项规划,对推动丝绸之路经济带商贸物流中心建设、交通枢纽中心建设进行了积极探索。同时,自治区层面,也相继制定了现代物流业发展"十三五"规划,使得物流产业成为新疆区域经济发展中的重要行业部门,得到各级党政部门的高度重视。

在新发展格局背景下,自治区党委和政府审时度势,结合中共中央、国务院关于流通体系现代化的发展要求和现代物流业高质量发展的总体要求,结合自身实际,制定发布了《新疆维吾尔自治区现代物流业发展"十四五"规划》。该规划既反映了国家关于现代物流体系建设的各项工作要求,也体现了新疆区域经济社会对物流产业体系建设的发展要求。尤其是,该规划对新疆的新发展阶段物流产业的区域布局做了全面的空间设计,对引领新疆区域物流发展发挥重要的产业引导作用。[1]

《新疆维吾尔自治区现代物流业发展"十四五"规划》要求,以推进丝绸之路经济带核心区商贸物流中心建设为驱动,优化物流发展空间布局,构建"通道+枢纽+网络"的物流运行体系,推动现代物流高质量发展;以深化物流领域供给侧结构性改革为主线,促进现代物流业提质增效降本,围绕加快构建现代产业体系,推动现代物流业与第一、第二、第三

---

[1] 新疆维吾尔自治区人民政府.新疆维吾尔自治区现代物流业发展"十四五"规划[Z].2022-04-27.

产业融合发展，培育物流发展新动能，在现代物流专业领域和重点方向实现突破发展，提升产业链、供应链现代化水平，为推进自治区经济高质量发展提供有力支撑。主要发展原则如下。

一、战略引领，统筹布局

完整准确贯彻新时代党的治疆方略，围绕社会稳定和长治久安总目标，精准对接乡村振兴、"一带一路"建设、新时代西部大开发、西部陆海新通道建设等国家战略，形成战略牵引下的物流发展新格局。按照全疆物流一张网，统筹建设物流基础设施、搭建物流组织平台、构建物流服务体系。

二、区域协同，网络融合

建强优化北疆物流设施供给，加快补齐南疆物流设施短板，以都市圈、城市群为重点推动物流设施布局协同与功能互补。加强区域内枢纽分工协作，推动多层级物流枢纽联动，优化整合拓展对外物流通道，构建具有国际辐射能力的现代物流体系，加强物流设施、运作和信息"三网"融合。

三、集约高效，集成创新

以物流枢纽、物流园区、骨干冷链物流基地等设施为载体，整合和优化物流存量资源，提高土地利用效率，推进物流集约集聚发展。围绕现代产业规模化、集群化以及区域协调发展需要，打造供应链集成服务平台，促进新模式新业态发展，探索枢纽经济、通道经济发展新范式。

四、智慧绿色，安全韧性

以数字化、信息化、智能化牵引现代物流高端化发展，提高智慧化服务和监管水平；加强绿色低碳技术与装备应用，提升物流产业全生命周期可持续发展能力。增强国际国内物流通道网络的整体协同与替代互补能力，加强应急物流体系建设，确保供应链安全稳定和富有韧性。

第五章

新疆区域物流发展现状

党的十八大以来,自治区党委和政府高度重视和推动丝绸之路经济带核心区建设,新疆现代物流及相关产业总体保持快速增长态势,基础设施不断完善,发展水平不断提高,发展环境逐步优化。物流业综合实力持续增强,物流整体布局进一步优化,国际物流枢纽地位显著提升,物流运行效率有所提高,现代物流在推动丝绸之路经济带核心区建设方面发挥着越来越重要的作用。

第一节 新疆区域物流基础设施建设现状

物流基础设施是区域物流系统运行的必要条件和平台,其包括线状设施和点状设施等。其中,线状设施主要是指公路、铁路、内河航道、远洋航线等交通运输通道,这些线路具有方向性、有限性、多样性、连通性、层次性等特征;点状设施是在物流运作过程中供物流的物资储存、停留,以进行相关后续作业的场所,也称节点,主要是指各种类型的货运场站、码头、物流园区、物流中心、配送中心、各类仓库等。①

作为丝绸之路经济带的核心区,新疆近年来加大了骨干交通网络的建设力度,连接区内外的公路、铁路、航空、能源管道等网络建设得到有力推进和完善,为新疆区域经济稳步增长和丝绸之路经济带建设的深入推进发挥了重要支撑作用。在中央相关部委的大力支持下,新疆一些重要铁路、航空、高速公路、管道建设项目陆续被纳入国家中长期规划和"十四

---

① 阿布都伟力·买合普拉. 区域物流研究——基础理论和综述 [M]. 乌鲁木齐:新疆大学出版社,2014.

五"重点建设项目目录,新疆与国内区域市场的距离进一步拉近,对外贸易通道的建设得到进一步完善。

一、综合交通基础设施

新疆的物流基础设施体系在宏观上包括公路、铁路、航空和管道四个层面。经过多年的基础设施建设,新疆加大物流基础设施的投资力度,形成了符合自身经济地理条件和国内区域功能的综合物流体系。新疆已初步形成以公路为主体、铁路为骨干、民航和管道相配合的现代运输网络,内联区内各地(州、市),外联国内其他省份和周边国家,形成了以枢纽城市、陆路口岸等为节点,连接祖国内地,辐射中南亚、欧洲大陆的立体交通运输网。

公路方面,以"三纵三横"312线、314线及边防公路等7条国道干线为主骨架,连接67条省级干线、68条省道公路和638条县级道路及客货运输站点枢纽,组成了便捷、高效的公路运输网。全区形成了以乌鲁木齐为中心,以7条国道干线为主骨架,东连甘肃、青海,通往内地各省区,南接西藏,西出中亚、西亚各国,并与境内68条省道相组合的公路交通网。截至2021年底,新疆公路里程达到21.73万公里,所有地(州、市)迈入高速公路时代,新疆至欧洲高速公路全线贯通。干线和支线公路网络已延伸和连接到新疆的各乡镇场、矿区、开发区和口岸,形成了东联内地、西出国际的公路网大格局。与周边国家开通双边国际道路运输线路118条,居全国之首。公路交通在新疆交通运输业中占有十分重要的地位,是实施"东联西出"战略、建设西北国际大通道的重要交通手段。

铁路建设方面,不仅实现了新疆乌鲁木齐至国内其他省区的高速铁路全国联网,而且实现了全疆14个地(州、市)疆内铁路线的通达连接。铁路营业里程达到8768公里,形成了以乌鲁木齐为中心,以兰新干线、精霍支线及奎北支线为支撑的主骨架,构成了南到喀什,西到阿拉山口、霍尔果斯,东到哈密的铁路运输网。库尔勒—格尔木铁路、阿勒泰—富蕴—准东铁路、和田—若羌铁路等项目建成投产,世界首个沙漠铁路环线贯通。

航空网络建设方面,"十三五"以来,在全疆范围内新增了7座地方机场,至此新疆民用运输机场的数量达到25座,在民用航空建设层面迈出了重要一步。民航通航里程超过22万公里,是全国机场数量最多和通航里程最长的省区。在新疆民航体系,运营新疆航空市场的航空公司达到29家,逐步形成了"疆内成网、东西成扇"的航空运输业发展局面。乌鲁木齐国际机场航线185条,通达国内外90个城市,日起降架次突破600架,成为国家确定建设的区域航空枢纽之一。

能源管道建设方面,新疆管道运输主要承担油田到油气加工企业、油田至铁路转运站之间的油气运输任务。随着西气东输、中哈原油管道、西部原油成品油管道相继建成,基本建成横跨东西、连通海外的油气管道干线网,打通了油气运输西进东出的大动脉。

信息化基础设施建设层面,新疆与周边国家之间对接建设和开通了21条跨境光缆,进一步加快了对外信息通道建设。在疆内,乌鲁木齐市、克拉玛依市等地级市加大了云计算产业基地和产业园的建设力度,疆内整体信息产业园数据服务能力显著增强。[①] 电信、联通公司分别设立乌鲁木齐区域性国际出入口局,成为继北京、上海、广州之后全国第四大全业务国际局。

二、物流枢纽和节点城市建设现状

新疆以"一核心、多级骨干"的物流枢纽城市空间布局为基础,加快新疆国家物流枢纽建设,强化全疆物流业支撑,促进物流整体空间布局优化,提升国内外互联互通能力,使新疆"通道+枢纽+网络"物流运行体系更趋完善,推进丝绸之路经济带核心区建设,拓展向西开放的广度和深度,加快融入全国统一开放大市场。先后规划建设了乌鲁木齐、哈密、霍尔果斯、阿拉山口、库尔勒、喀什等国家物流枢纽和克拉玛依、塔城、奎屯、准东、阿克苏、和田、若羌等区域物流枢纽。由国家重点建设物流枢纽为引领支撑,疆内物流枢纽城市建设已取得一定成效,物流发展规模效益显著提高。

---

① 石鑫. 为共建"一带一路"提供新疆实践 [N]. 新疆日报(汉),2021-06-09.

新疆作为中欧班列西通道的重要枢纽节点，始发班列的车轮越转越快，线路越开越多。截至 2021 年 6 月，共开行线路 23 条，通达 19 个国家 21 个城市。① 全力推进中欧班列（乌鲁木齐）集结中心示范工程建设，统筹抓好阿拉山口、霍尔果斯中欧班列综合枢纽能力提升工程、喀什国际多式联运物流中心等重点项目建设，全区中欧班列"一中枢、三支点"枢纽体系加快构建。2018—2020 年，中欧班列（乌鲁木齐）集结中心开行中欧班列稳定在 1000 列/年左右，入选首批 5 个中欧班列集结中心示范工程。阿拉山口、霍尔果斯口岸进出境的中欧班列占全国开行总数的 60% 以上。② 作为新疆特殊经济开发区的喀什经济开发区建设也突飞猛进，其外向型商贸物流、特色农产品加工、电子产品组装、纺织业等行业部门得到了快速发展，形成了面向中亚、西亚、南亚和欧洲的特色产业集群。中哈霍尔果斯国际边境合作中心体制机制进一步得到完善，边境旅游、电子商务、人文交流、免税商品采购等流通新业态也得到了迅速发展。

乌鲁木齐国际陆港区枢纽能级稳步提升。乌鲁木齐国际陆港区已集中连片布局了中欧班列集结中心、多式联运中心、国际快件中心三大功能区，中欧班列集拼集运智能场站系统等智慧平台功能日渐完善，建设运营进展良好，促进了覆盖全疆、辐射全国、联通欧亚的立体化综合交通体系的形成，国家物流枢纽承载能力不断提升。乌鲁木齐国际陆港区将进一步完善国际陆港区配套设施，围绕优化物流组织、加大固定资产投资、加快产业集聚发展的工作目标，以提升中欧班列（乌鲁木齐）集结中心示范工程、陆港型国家物流枢纽功能作用为依托，全力推进功能性基础设施及中欧班列集结中心基础配套、信息化改造提升等项目建设。持续强化国际陆港区在丝绸之路经济带核心区建设中的作用，不断优化物流组织服务，发挥好中欧班列（乌鲁木齐）集结中心示范工程作用，加强中欧班列开行力度，培育和拓展物流新通道，重点打造辐射中亚、俄罗斯、欧洲及跨"两

---

① 石鑫. 为共建"一带一路"提供新疆实践［N］. 新疆日报（汉），2021-06-09.
② 新疆维吾尔自治区人民政府. 新疆维吾尔自治区现代物流业发展"十四五"规划［Z］. 2022-04-27.

海"等班列线路,推动多式联运高质量发展。①

作为新疆东大门,哈密具有"东联西出、南通北拓"的区位优势,为全国179个国家级公路交通枢纽城市、41个陆港型国家物流枢纽承载城市。近年来,依托交通区位优势,哈密以建设陆港型国家物流枢纽承载城市为依托,着力打造现代物流枢纽体系,加快形成以物流带动、多产业联动的产业发展格局,建成进出疆物资分拨中心和商贸集散组装加工中心,打造全疆重要的物流节点城市。根据规划,哈密陆港中心城北片区主要包括城北公铁联运、哈密智慧公路枢纽、丝路(哈密)商贸物流、应急物流、物流产城融合五大功能区,建设有公铁联运基地、冷链集配中心、标准化仓储物流基地、陆港大数据中心等22个项目,提供面向汽车及其零部件、机械设备、农副产品、特色小商品等货类的中转、集散、流通、加工、展贸、销售等功能的供应链服务高地。哈密市通过铁路专用线、智慧公路港等陆港型物流枢纽项目实施,努力提升物流承载功能、完善"东联西出、南通北拓"的立体空间格局,使之成为全疆重要的多式联运和进出疆物资分拨大型综合物流基地。②

作为南北疆重要的物流节点城市,库尔勒市依托格库铁路等重要交通通道加快物流设施资源整合,推动库尔勒陆港型国家物流枢纽建设。库尔勒陆港型国家物流枢纽规划占地总面积3.89平方公里,由核心功能区——库东片区、功能拓展区——上库片区两部分构成,共同打造"一核、四区、二园"整体功能格局。该枢纽项目建成运营后,将在物流与产业融合发展和农产品产地中转集散等方面发挥重要作用,成为全疆重要的工业物流供应链组织中心、农产品冷链物流集散基地和南疆中欧班列组织中心。库尔勒陆港型国家物流枢纽建设预计总投资规模达29.19亿元,建设项目共计18个。枢纽项目全部建成后,库尔勒市在铁路运输、公路运输、航空运输、仓储服务等功能和物流规模化方面的优势将进一步显现。③

---

① 乌鲁木齐国际陆港区:抢占新赛道 拓展新模式[N].乌鲁木齐晚报,2023-01-29.
② 伊州区广播电台.陆港型国家物流枢纽,哈密是这样建设的[Z].2022-07-09.
③ 库尔勒陆港型国家物流枢纽建设预计总投资规模达29.19亿元[N].巴音郭楞日报,2022-10-29.

天山北坡经济带枢纽城市石河子市加快建设生产服务型国家物流枢纽，不断完善"公转铁"以及公铁多式联运功能，玛石铁路专用线、石河子机场、乌兰乌苏铁路空港物流园、兵团国家大宗物资国际多式联运示范工程、通用航空产业园等一批重大物流项目加快推进。石河子按照"市场主导、枢纽引领、项目支撑、集约发力、政府规划、融资创新、企业支点、综合运营，智慧高效、绿色发展"原则规划，以中新建物流集团、天业集团为龙头，高站位统筹石河子物流枢纽布局建设，高质量完成枢纽项目建设，通过积极推进一批重大公路、铁路、物流项目，全面构建"通道+枢纽+网络"的现代物流运行体系。高效率带动枢纽区域联动发展，拓展完善国家物流枢纽的综合服务功能。高水平赋能师市枢纽经济提质增效，高标准优化培育师市企业发展环境。到2025年，初步建成以石河子国家物流枢纽为核心的现代化物流运行体系，供应链物流体系建立完善，综合物流成本有效降低，经济发展模式得到优化，人民生活水平不断提升。①

三、物流园区、货运场站建设现状

丝绸之路经济带核心区建设以来，新疆各地（州、市）纷纷掀起了物流园区建设热潮，已建成一批综合物流园区和日用消费品、家居建材、机电、农产品、钢材、石材等专业物流中心。以乌鲁木齐华凌市场、亚中机电市场、奎屯新亚物流园区、奎屯保税物流中心、喀什远方国际物流中心等兼具全疆辐射或二类口岸开放功能的综合性或专业性商贸物流园区已经建成运营，以乌鲁木齐乌拉泊国际物流园、九鼎农产品批发交易市场等兼具全疆区域分拨和城市配送辐射功能的区域性园区项目投入运营，以乌鲁木齐国际陆港、三坪铁路集装箱中心站、空港物流园、库尔勒兴鸿博物流园、吐鲁番交河物流港等为代表的一批新的商贸物流设施进一步建设完善。特别是阿拉山口综合保税区、喀什综合保税区封关运行，霍尔果斯综合保税区、乌鲁木齐综合保税区等加快建设，使国际物流节点设施更加完善。围绕国际物流相关的保税物流中心、口岸物流园区或中心、国际运输

---

① 胡杨网.《石河子生产服务型国家物流枢纽建设工作方案》出台［EB/OL］.2022-06-24.

场站建设也进一步加快。①

截至 2020 年末，全疆运营、在建及规划的物流园区共计 84 个，建设哈密等 9 个铁路物流基地，形成一批物流产业融合发展的现代物流园区，物流集中度和对产业的支撑作用显著增强。② 乌鲁木齐国际陆港区、阿拉山口综合保税区多式联运物流园等重大项目加快推进。乌鲁木齐国际公铁联运汽车客运站、乌鲁木齐空港客运枢纽等项目建成运营。全区道路等级客运站达 511 个，等级货运站达 92 个。③

根据《关于组织申报第一批自治区级示范物流园区的通知》（新发改规〔2019〕4 号）的要求，2020 年 5 月，自治区发展改革委、住房和城乡建设厅、自然资源厅、交通运输厅等部门对各地（州、市）上报的物流园区进行综合评价，经过现场审核和网上公示，授予海鸿国际食品物流港、中疆物流昌吉物流货运周转基地、阿克苏商贸物流产业园、喀什远方国际物流产业园 4 家物流园区"自治区级示范物流园区"称号。这 4 家园区将为自治区物流园区创新发展提供示范经验和有益探索。④

海鸿国际食品物流港。园区已具有完备的仓配一体和线上线下交易信息平台等现代物流核心环节，目前已成为新疆规模最大、品种最全的肉食品冷链配送中心和冷冻产品集散地，产品辐射全疆。未来园区将积极探索发展"线下体验店+电商+物流"和"生鲜食品超市+餐饮+电商+物流"等新零售商业模式。

中疆物流昌吉物流货运周转基地。园区已形成完善的大宗物资集散、交易、公铁联运服务产业链，建立了海关监管库、大宗物资集散中心、有色金属交易交割平台等核心资源平台，并已开通中欧、中亚国际班列，具备辐射全疆、联通中亚的国际物流服务能力。未来园区将进一步扩大多式联运规模，创新多式联运组织模式，并着力推进物流信息化、标准化发展。

---

① 国家发展和改革委员会综合运输研究所. 新疆维吾尔自治区物流业"十三五"发展规划 [Z]. 2016-05.
② 新疆维吾尔自治区人民政府. 新疆维吾尔自治区现代物流业发展"十四五"规划 [Z]. 2022-04-27.
③ 交通运输部规划研究院. 新疆维吾尔自治区"十四五"交通运输发展规划 [Z]. 2020-07.
④ 新疆维吾尔自治区发展和改革委员会. 自治区认定第一批示范物流园区 [Z]. 2020-05-11.

阿克苏商贸物流产业园。园区是一家集商贸物流、综合物流服务、农产品物流服务、区域性空港物流服务于一体的综合性现代物流园区。具备公铁联运、空港物流、海关监管仓及保税仓建设、电商服务平台等多项功能。未来园区将积极探索发展"电商产业园+物流园"新型物流模式。

喀什远方国际物流产业园（原喀什远方国际物流港物流中心）。园区依托区位优势，着力于公路港物流服务模式，结合仓储服务、物流配送、装卸搬运、包装服务、信息咨询等功能，形成了物流配套服务内容的产业集群，充分提高物流服务的功能开发。未来园区将积极探索发展"互联网+公路货运"的智慧公路港物流模式。

2021年自治区认定的第二批示范物流园区为金亿集团霍尔果斯现代物流园、奎屯新亚物流园、库尔勒兴鸿博物流园、中疆物流阜康多式联运物流园、新疆众合（乌鲁木齐）物流园。①

金亿集团霍尔果斯现代物流园。霍尔果斯金亿国际贸易（集团）有限公司成立于2010年2月，注册地位于新疆伊犁州霍尔果斯合作中心配套区，占地面积13.35万平方米（约200亩）。经营范围包括：农产品初加工、生产、批发及新鲜水果清洗、分类、储藏保鲜、速冻、分级、包装等简单加工处理；农产品深加工；基地种植；蔬菜、水果、鲜花的收购、保鲜与销售；市场管理；仓储（危险品除外）、物流、道路运输；租赁；电子商务平台建设；货物与技术的进出口业务，并开展边境小额贸易。霍尔果斯金亿国际贸易（集团）有限公司对外投资6家公司。

奎屯新亚物流园。园区已具备集铁路运输、仓储物流、大宗物资交易市场、物流信息化于一体的综合性功能。是中国储备棉总公司指定的国储棉代储库，是中国铁路集装箱总公司、乌鲁木齐铁路局等多家国有大型企业的战略合作伙伴。作为国家级"多式联运示范枢纽工程"，自治区级"货运枢纽型示范物流园区"，2013年以来，充分利用区域优势及铁路专用线多式联运功能，建立辐射国内外的物流运输线，运用现代设施设备提升物流智能化和自动化水平，发挥园区5条铁路专用线多式联运功能，保障

---

① 新疆维吾尔自治区发展和改革委员会．自治区认定第二批示范物流园区［Z］．2021-05-31．

"金三角"地区棉花、玉米、番茄酱等特色新疆农产品销往全国各地。凭借完备的硬件设施、优质的服务品牌，以铁路专用线为依托、以四大专业市场为平台、以仓储库为基地、以现代物流技术为手段，形成了覆盖全国、辐射国内外的综合物流服务网络和全天候、全方位、全过程的多维服务体系。

库尔勒兴鸿博物流园。园区现已成为南疆地区最大的物流园，承担着巴州地区国内销售80%以上的棉花、90%以上的香梨、辣椒以及富丽达公司生产的浆粕、金特和钢生产的钢材等巴州生产的部分工业产品运输，兴鸿博物流园的建设和成功运营，具有明显的社会效益和经济效益。

中疆物流阜康多式联运物流园。铁路货运量超千万吨，已发展成为区域内核心物流枢纽企业。园区将推动以5G大数据应用为中心的智慧场站建设，实现物流数字化、可视化、智慧化管理，打造公铁联运智慧场站系统，利用信息化和数字化手段，提升运行效率，降低了物流成本，推动建设"资源+物流+供应链"一体化业务综合模式。

新疆众合（乌鲁木齐）物流园。园区已形成将现有的铝金属等相关业务作为基础，延伸物流链条，拓展仓储、配送等多元化服务，拓展多种金属、建材等物流业务，配套提供定制金融服务，着力打造成为中亚丝绸之路集商品流通与信息、金融服务于一体的综合物流园区。

四、社会物流系统信息化发展现状

信息网络技术的普及应用，为自治区物流产业发展提供了强大的技术支持。2021年末，完成邮政行业业务总量46.18亿元，比上年增长19.63%。邮政业完成邮政函件业务608.20万件，包裹业务28.33万件。快递业务量1.62亿件，比上年增长40.9%；快递业务收入37.63亿元。全年完成电信业务总量379.3亿元，比上年增长35.4%。全区电话用户总数3369.2万户，其中，固定电话用户数403.8万户，移动电话用户2965.4万户。固定电话普及率12.8部/百人，移动电话普及率117.5部/百人。互联网宽带接入用户1064.2万户，比上年末增长20.4%。移动互联网用户2472.6万户。[1]

---

[1] 新疆统计局.2021年新疆维吾尔自治区国民经济和社会发展统计公报［Z］.2022-03-23.

新疆不同层次各类产业主体依托互联网、通信网等各类网络资源，有效地实现了企业内部信息与外部信息的资源共享，提高了物流管理效率，优化了物流供应链结构，推动了整个社会物流系统信息化水平的全面提升，为新疆物流产业发展奠定了重要的技术基础。2021 年，疆内企业通过网上（第三方平台）销售实现零售额 427.2 亿元，比上年增长 41.3%；新疆本地消费者通过（第三方平台）网购实现零售额 1147.9 亿元，比上年增长 11.2%，占新疆社会消费品零售总额的 32.0%。①

五、物流通道建设现状

新疆加快建设全疆物流"一张网"，目前已形成以东西向 3 条出疆国际通道为主和以南北向 3 条疆内联系通道为辅的物流通道体系，国际道路运输发展迅速，服务对外开放能力显著提升。

新亚欧大陆桥通道全线贯通。横跨亚欧大陆的新亚欧大陆桥通道已全线贯通，由连霍高速 G30、国道 G312 以及兰新铁路、兰新第二双线、精伊霍铁路组成的高速度、大容量通道成为丝绸之路经济带互联互通的坚实纽带。一个标志性项目是连云港—霍尔果斯高速公路的向西延伸工程得以完成，从新疆到欧洲实现了全程高速公路通车目标。G3018 线精河—阿拉山口高速公路等项目建成，阿拉山口口岸实现通高速，霍尔果斯、阿拉山口口岸过货能力显著提升。深入推广旅客联程运输和货物多式联运，阿拉山口"公铁联运"、霍尔果斯"空中路桥"集装箱吊运等模式初步形成。

国际道路运输通道能力进一步提升。持续深化上合组织、中吉乌、中巴哈吉等双边、多边国际道路运输合作，相关口岸国际道路货物运输有序恢复，通过国际道路货运甩挂运输、集装箱吊装等模式，持续优化出入境货运车辆和司乘人员通关手续，有力保障了国际物流供应链稳定。新疆实现"中欧卡车特快专线"双方向 TIR（国际运输公约，Transport International Router）运输，在国际道路运输层面迈出了重要一步，还实现了基于跨境电商的 TIR 国际公路运输的出口运输目标。目前新疆从事国际道路运输经

---

① 新疆统计局.2021 年新疆维吾尔自治区国民经济和社会发展统计公报［Z］.2022-03-23.

营的企业达 113 家，与周边 9 个国家签订了国际道路运输双边协定，开展了中吉乌、中俄过境哈萨克斯坦等多边运输和中塔乌道路运输试运行活动。2019 年，全区完成国际道路货运量 505.3 万吨、货运周转量 17.0 亿吨公里。国际人员往来更加便利。2019 年，全区开通国际道路客运线路 54 条，完成国际客运量 20.8 万人次，客运周转量 4600 万人公里，为对外人员往来和对外贸易提供了保障。①

口岸跨境物流通道建设持续加快。口岸通关基础设施和配套区商贸物流基础设施以及口岸城市的市政配套基础设施等得到全面改善，口岸经济获得可持续发展动力。霍尔果斯、伊尔克什坦、吉木乃、巴克图、阿拉山口、都拉塔 6 个口岸成为我国 TIR 运输试点口岸。中巴经济走廊 G314 线奥依塔克—布伦口公路建成通车，G314 线布伦口—红其拉甫公路加快建设。全疆常年开通的边境口岸中有 7 个实现了二级及以上公路连接。同时，口岸经济带向周边区域辐射带动作用进一步强化，拉动地区经济增长和旅游消费，城镇服务业得到快速发展，有效推动了"通道经济"向"产业经济"转型。②"十三五"期间，全区口岸实现进出口货运量 2.87 亿吨。③

空中通道不断完善。丝绸之路经济带国家临空经济示范区建设进展顺利，与乌鲁木齐机场改扩建同步规划建设空港物流服务产业区。面向丝绸之路经济带开放的高新技术产品、信息技术产品制造基地建设有效推进。昭苏机场、阿拉尔机场正式通航，喀什机场改扩建工程完工，塔什库尔干机场通过验收。

对外开放通道建设加快推进。中吉乌铁路工作进入正式开启阶段，有望开辟中欧班列南向通道。中吉乌铁路全长约 523 公里，其中中国境内 213 公里，吉尔吉斯斯坦境内 260 公里，乌兹别克斯坦境内约 50 公里。中吉双方在 2022 年 2 月发布的联合声明中称，中吉乌铁路的建设将成为全面

---

① 交通运输部规划研究院. 新疆维吾尔自治区"十四五"交通运输发展规划［Z］. 2020-07.

② 新疆维吾尔自治区国民经济和社会发展第十四个五年规划和 2035 年远景目标纲要［N］. 新疆日报（汉），2021-06-03.

③ 新疆维吾尔自治区人民政府. 新疆维吾尔自治区现代物流业发展"十四五"规划［Z］. 2022-04-27.

挖掘中亚地区过境运输潜力的重要一步和推动"一带一路"建设的重要一环。[①] 新疆—吉尔吉斯、新疆—巴基斯坦、新疆—伊朗、乌鲁木齐—阿拉木图四大国际物流干线网络和吉尔吉斯斯坦、巴基斯坦、伊朗、阿拉木图4个海外物流仓库建设加快推进。启动了丝绸之路经济带核心区国际道路运输发展创新试验区论证规划工作。

跨区域大通道建设稳步推进。库尔勒到格尔木的铁路相互贯通，该铁路线贯通成为新疆第二条重要进出疆铁路大通道，使西部地区铁路通道建设获得了重大进展。环准噶尔盆地高速（一级）公路全面建成，环塔里木盆地高速（一级）公路基本建成，第二条进出疆公路大通道——G7线京新高速全线贯通，G0711线尉犁至35团、35团至若羌及S21线阿勒泰至乌鲁木齐高速公路建成通车，南北疆大通道行车时间大幅缩短，"疆内环起来、进出疆快起来"正在加快实现。

第二节　新疆物流产业发展现状

随着新疆经济社会的不断发展，社会物流需求不断增长，物流产业规模不断扩大，成为服务业中的重要行业部门。2021年，新疆地区生产总值达到15984亿元，主要农产品、工矿产品生产规模不断扩大，国内贸易和净出口贸易规模不断增大。主要农产品中，全年粮食产量（含薯类）1735.78万吨、棉花产量512.85万吨、油料产量54.40万吨、特色林果产量1789.60万吨。主要工矿产品中，原油产量2990万吨、原煤产量3.2亿吨、钢材产量1468万吨、水泥产量4648万吨。国内贸易中，批发和零售业增加值796.82亿元，社会消费品零售总额3584.62亿元。进出口贸易中，货物进出口总额达到242.99亿美元。[②]

社会生产力规模的不断扩大，催生了源源不断的社会商贸物流需求和

---

①　北京日报客户端．中吉乌铁路启动建设进程！［EB/OL］．（2022-07-30）．https：//cj.sina.com.cn/articles/view/1893892941/70e2834d020019qnm．

②　新疆维吾尔自治区统计局．新疆维吾尔自治区2021年国民经济和社会发展统计公报［Z］．2022-03-23．

运输配送需求。随着新疆市场化水平不断提高和区内外经济联系的进一步强化，大量特色农产品、工矿业产品和制造业产业进入流通市场，市场环境中物资和商品的流通量不断增大，加速了物流市场运行规模的进一步扩大。《国民经济统计年鉴》中的"交通运输、仓储和邮政业增加值"在一定程度上反映了区域物流产业的发展规模。同时，区域货运量指标，也从一定程度上直接反映了社会流通物资的运行规模。

一、物流产业产值规模特征

自国务院发布《物流业发展中长期规划》以来，新疆物流业发展环境和条件不断改善，服务水平显著提高，总体规模快速增长。2021年，新疆物流业（交通运输、仓储和邮政业）产值达到704亿元（见图5-1），占地区生产总值的比重约4.4%。总体来看，全疆商贸物流业保持快速增长态势，区域发展格局进一步优化，产值规模进一步扩大，对经济发展的贡献率稳步提升，在经济社会发展中的基础性和战略性地位逐步凸显。

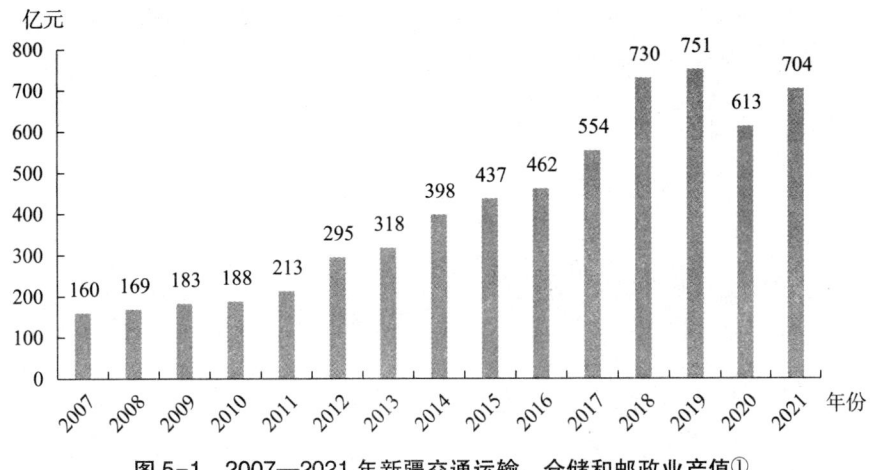

图 5-1　2007—2021 年新疆交通运输、仓储和邮政业产值①

从新疆2007—2021年的物流业产值历史数据变化看，2007—2010年保持近200亿元的产值规模，到2013年突破了300亿元，自2014年起进入快

---

① 数据来源：新疆统计局. 2021年新疆维吾尔自治区国民经济和社会发展统计公报［Z］. 2022-03-23.

速发展的轨道。到 2019 年产值规模曾一度达到 751 亿元，后期受新冠肺炎疫情影响，发生产值规模的波动，进入 2021 年后呈现恢复增长的态势。

从 2017—2021 年的总体数据比较看，物流业产值规模增长了 3.4 倍。从图 5-1 中明显看出，党的十八大之后，新疆物流业发展进入快速发展的轨道。而 2015 年习近平总书记提出"丝绸之路经济带"倡议之后，新疆物流产业更是加快发展，突破了 400 亿元的产值规模。按照国家"一带一路"倡议，新疆被列为丝绸之路经济带核心区。宏观层面的政策利好，加快了新疆物流产业的引领性发展。物流业发展环境发生重大变化，物流产业得到新疆各级党委和政府的高度重视，各地纷纷出台物流产业发展规划和相关政策，营商环境进一步优化，物流业投资进一步增大，物流产业服务规模不断扩大。

二、物流货运量及其结构特征

物流产业发展环境的不断优化和综合交通运输设施的进一步完善，为扩大新疆货运量规模奠定了坚实基础。2021 年，新疆完成货运量 8.68 亿吨（见图 5-2），货物运输周转量 2334 亿吨公里。①

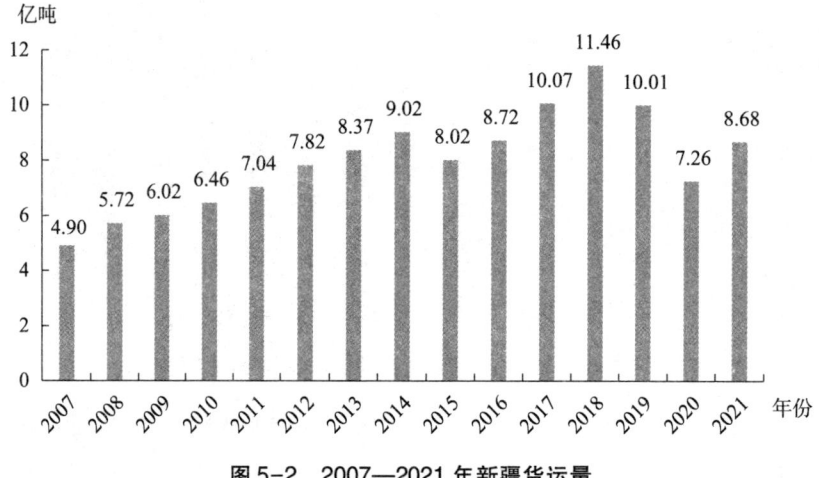

图 5-2　2007—2021 年新疆货运量

---

①　数据来源：新疆统计局 . 2021 年新疆维吾尔自治区国民经济和社会发展统计公报［Z］. 2022-03-23.

从图 5-2 中可以看出，新疆货运量 2008 年达到 5.72 亿吨，2011 年突破 7 亿吨，2014 年达到 9.02 亿吨。此后，出现一定规模的波动，2017 年突破 10 亿吨。2018 年，一年之内就实现了 1 亿吨规模的增长，达到 11.46 亿吨。从总体趋势看，新疆货运量规模在 2007—2021 年增长了 77%。值得提出的是，2015 年来，经济发展进入新常态，新疆货物运输的市场化水平逐步提高，市场敏感度进一步增强，进入波动上升的发展阶段。2020 年，受新冠肺炎疫情影响，新疆货运量规模出现一定下降，为 7.26 亿吨，进入 2021 年后，出现恢复性增长，达到 8.68 亿吨。这表明货物运输市场的韧性在进一步增强。

货运量是评价一个地区经济运行的重要指标之一，一方面反映了有多少货物在地区内生产和流通，另一方面反映了地区社会购买力的变化以及购买商品的流通规模的变化。经济发展进入新常态以来，国家加大了经济结构的调整力度，不再过多地区追求生产总值的增长，而是追求更加高质量的发展，包括绿色发展，淘汰过剩产能，加大环境保护力度，增强技术改造和科技支撑能力等。随着城乡经济发展到一定规模，社会消费品零售的规模也进行相应的调整。总体上，经济结构的调整力度加大，在一定程度上也决定了社会货运量的变动趋势。

从 2021 年的总货运量 8.68 亿吨结构看，其中铁路货运量为 1.86 亿吨，公路货运量为 6.82 亿吨，民航货运量为 17.78 万吨，三种货物运输方式占全疆货运量的比重分别为 21.43%、78.57%、0.02%。从货运量构成结构看，公路货运量是新疆货物运输的主体，约占 80%。新疆地大、绿洲分散、人口稀少的区域经济地理特点，在一定程度上决定了公路运输成为新疆货物运输的主体力量。相对新疆铁路网络投资规模庞大、建设周期长、受地理条件约束明显的特点，公路网建设更加体现便利化、灵活性，在新疆货物运输中发挥着不可替代的作用。

从 2021 年的客运量数据看，全疆旅客运输总量 19707.30 万人次，旅客运输周转量 434.47 亿人公里。其中，铁路旅客运输量 2466.9 万人次、公路旅客运输量 14474.37 万人次、民航旅客运输量 2766.03 万人次，三种运输方式完成的旅客运输量分别占全疆旅客运输总量的 12.52%、73.45%、14.03%。可以看出，航空客运可占到约 15% 的运输规模，表明新疆绿洲分散条件下，民航出行是新疆旅客运输的主要方向。

从 2007—2021 年新疆公路货运量数据演变看，2010 年实现 5.04 亿吨，2012 年实现 6.19 亿吨，2014 年实现 7.44 亿吨，2018 年实现 8.50 亿吨，总体上呈现 2~3 年增加亿吨规模的趋势。15 年间，新疆公路货运规模增长了 77.6。可以明显地看出，新冠肺炎疫情对新疆公路货运量的影响较大。例如，2020 年，由于疫情防控，区域间进行封闭式管理，公路货运车辆大幅度减少，货运量规模一度下降到 4.03 亿吨。到 2021 年底，随着疫情防控的规范化，公路货运量出现恢复性增长，达到近 7 亿吨（见图 5-3）。

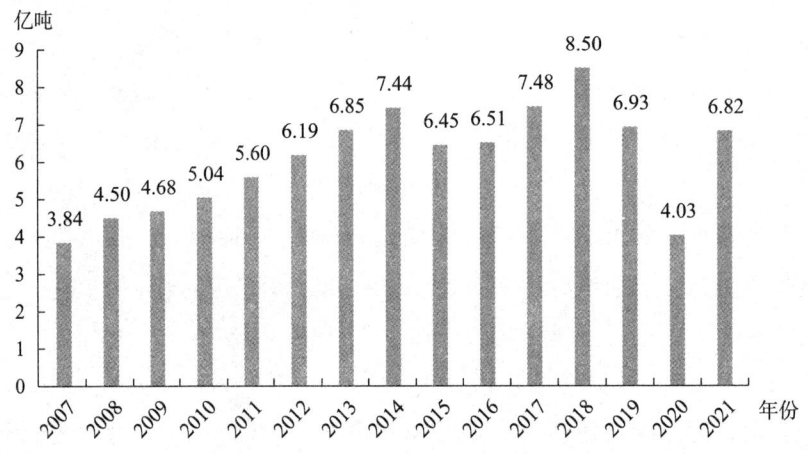

图 5-3　2007—2021 年新疆公路货运量

从 2007—2021 年新疆铁路货运量的演变特征看，2007—2016 年，每年保持比较稳定的货运量规模，约 7000 万吨。到 2017 年增长到接近 1 亿吨，2018 年突破 1 亿吨，到 2021 年增长到接近 2 亿吨。与公路货运不同的是，铁路货运在新冠肺炎疫情暴发期间发挥了重要的重点物资运输保障作用，货运量规模不断扩大，没有出现下滑情况，2018 年来保持每年约 2000 万吨规模的增长。这表明铁路物流在暴发疫情等情况下，能够提供比较稳定的货物运输保障，在国民经济稳定运行中发挥重要的保障作用。作为重要的国有经济运输部门，在市场环境发生重大变化的情况下，能够保持稳定可靠的运输动员能力。从铁路货运规模的增长趋势看，一定规模的稳定增长应该是新疆铁路货物运输的一个重要特点。一方面，新疆的南部环塔里木盆地铁路运输圈已经形成，北疆准噶尔盆地的环准噶尔铁路运输线也投入运行。另一方面，国内统一大市场建设步伐加快，国内大循环运行体系在逐步构建。在这种背景下，新疆与国内其他省（区、市）的统一大市场建设将得到进一步巩固提升，尤其是工矿业的发展在国内大循环体系中发挥越来越重要的保障作用，将进一步催生大宗货物铁路运输的市场需求。

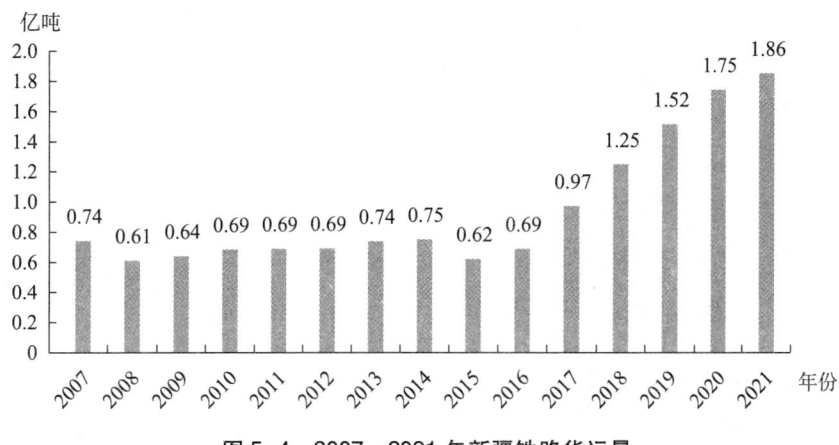

图 5-4　2007—2021 年新疆铁路货运量

从 2007—2021 年新疆民航货运量的情况变化看，可总体分为三个阶段。2007—2011 年，约保持 3.8 万吨规模，2012—2015 年约保持 6 万吨规模，2016 年之后进入快速增长阶段，2016 年直接增长到 18.22 万吨，比上年增长 1.76 倍。2019 年是民航货运量最高年份，达到 21.69 万吨，到 2020 年，受新冠肺炎疫情影响，下降到 16.06 万吨，此后逐步恢复性增长，2021 年底，达到近 18 万吨。2016—2021 年，平均保持约 18 万吨规模。2007—2021 年，民航货运规模增长将近 4 倍，表现出较强的增长潜力。一方面，网购成为比较普遍的城乡消费模式之一，对快递物流的需求迅猛增长。另一方面，民航部门加大对货物运输场站设施和航空运输公司的引进，提高了快递物流的服务能力。从民航物流的发展趋势看，其物流规模将继续保持较快的增长速度。

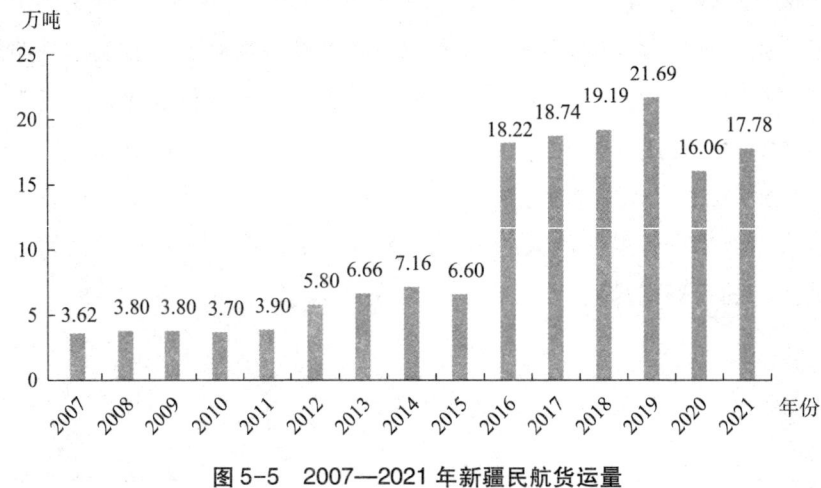

图 5-5　2007—2021 年新疆民航货运量

新疆区域物流以公路运输为主,铁路运输为辅。总体来看,全疆物流业保持快速增长态势,初步具备了一定的发展规模,对经济发展的贡献率稳步提升,在经济社会中的基础性和战略性地位也逐步凸显。

三、新疆物流业新业态新模式发展现状

(一)新疆电商快递产业异军突起

随着信息化、市场化水平的不断提高以及消费方式、消费结构的进一步优化,新疆电子商务迎来十分迅速的发展态势,电商发展成为新疆流通产业发展的一个重要亮点。新疆积极培育电商新业态新模式,促进第一、第二、第三产业融合发展,新疆网络零售市场向好态势持续巩固。各类商贸企业、农产品经营企业、生产基地积极对接本地电商平台、第三方平台,推动线上线下融合,撬动线上线下消费。同时,各地统筹社会资源,依托本地电商平台拓宽线上社会化服务领域,积极对接相关部门,将线下社会化消费服务纳入线上渠道。① 2021 年,新疆电子商务交易额达到 2604.6 亿元,同比增长 17.1%;网络零售额达 509.6 亿元,同比增长 22.3%,较全国高出 6.6 个百分点。新疆立足特色农产品资源优势,持续

---

① 一季度新疆网络交易额同比增长 20.6% [N]. 新疆日报,2022-04-22.

做大做强特色优势产业，不断丰富农村产业业态，同时加快工业品下乡进村、农产品触网进城发展步伐，农村网络零售额地域贡献力持续扩大。截至2021年底，新疆网商总数共计24万多家，其中企业网商数13.8万家，个人网商数10.7万家。新疆电商带动就业人数66.9万人，其中直接带动33.2万人，间接带动33.7万人。①

伴随电商的发展，新疆快递物流业异军突起，已经成为新疆流通产业发展的一个重要引领力量。自治区加快推进乌鲁木齐、阿克苏自治区级快递分拨处理枢纽及昌吉、克拉玛依、哈密、奎屯、库尔勒、喀什等区域快递物流配送中心建设，在全疆全面构建高效快递服务网络。2021年，新疆快递服务企业业务量累计完成1.6亿件，业务收入累计完成37.63亿元。与5年前相比，业务量和收入均增加了1倍。快递行业的迅猛发展对数字化发展提出了更高要求，并促其加快升级。2021年4月，顺丰乌鲁木齐高新技术产业开发区（新市区）物流枢纽投入使用，占地面积2.4万平方米，总投资1.2亿元，拥有智能自动化设备1950余台（套）。2021年9月正式运营的京东"亚洲一号"乌鲁木齐经开物流园，是新疆首个单体面积最大的智能物流园区，每天分拣处理能力达100万件。电商物流智能分拣线上分为小件分拣区、大中件分拣区、特殊商品（易碎物品）分拣区等。②

（二）跨境电商试验区开辟外向型物流发展新空间

近年来，乌鲁木齐市、阿拉山口市、喀什市和伊犁哈萨克自治州获批国家跨境电商综合试验区。国家鼓励综合试验区各环节探索创新、先行先试，自治区跨境电商如虎添翼，不断开辟外向型物流发展新空间。喀什、阿拉山口获批跨境电商综合试验区，喀什、阿拉山口综合保税区综合排名跻身全国前100名。随着全疆各地跨境电商的蓬勃发展，一个覆盖周边国家、面向欧洲、延伸至"一带一路"沿线国家的新型外贸物流网络正在形成。

2022年2月，阿拉山口市和喀什市获批跨境电商综合试验区。2月

---

① 新疆电子商务交易额增长17.1%[N].新疆日报，2022-02-09.
② 新疆快递行业加快数字化升级[N].新疆日报，2022-04-19.

27日，阿拉山口口岸发出全国首列跨境电商综合试验区班列。截至4月底，阿拉山口口岸出口跨境电商包裹超350万件，全年累计出口贸易额8.2亿余元。目前阿拉山口市正加快基础设施建设，以优惠政策鼓励、资金扶持及开辟绿色通道等方式培育跨境电商新业态。阿拉山口综合保税区已经与中铝物流集团有限公司等16家企业达成初步战略合作意向。2022年3月1日，喀什地区开行首趟跨境电商中欧班列。班列从喀什驶向霍尔果斯口岸，再出境奔赴乌兹别克斯坦。得益于全疆物流"一张网"的建设，喀什跨境电商中欧班列从南疆到北疆再到出境，一路快捷畅行。4月20日，乌鲁木齐综合保税区与中国邮政集团有限公司新疆区分公司达成战略合作，共同打造"中国邮政中亚—中欧海外仓枢纽站"，搭建智慧数字国际多式联运物流平台，创新设立"跨境电商实验室"等。①

2022年5月1日，从霍尔果斯综合保税区出区的跨境电商货物搭乘中欧班列首次发往波兰马拉舍维奇。这意味着当地跨境电商货物继搭乘中欧班列直达中亚市场后，又有了直达欧洲的运输新渠道。当地加快建设，以便更好地促进当地跨境电商、平行汽车进口等新业态产业落地及发展。国务院批复同意在伊犁哈萨克自治州设立跨境电子商务综合试验区。跨境电子商务综合试验区坚持创新驱动发展，复制推广前六批综合试验区成熟经验和做法，发挥跨境电子商务助力传统产业转型升级、促进产业数字化发展的积极作用，推动外贸优化升级。

（三）中欧班列国际物流发展迅速

中欧班列在全国共有西、中、东3条主要运行线路，其中西通道经阿拉山口、霍尔果斯出境，途经哈萨克斯坦、俄罗斯等国向西开行。11年来，中欧班列物流网络迅速拓展、开行规模大幅增长、运营质量稳步提升，构建了全天候、大运量、绿色低碳、畅通安全的国际物流通道。据铁路部门统计，自中欧班列开行以来，经霍尔果斯、阿拉山口铁路口岸通行的班列固定线路达57条，通达欧亚19个国家和地区，运输货物品类200余种。

---

① 现代物流撑起新疆产业发展一片天［N］.新疆日报，2022-05-23.

新冠肺炎疫情暴发以来，中欧班列发挥比海运快、比空运量大、连续稳定规模化运行的独特优势，及时承接海运、空运转移货物，为保障我国国际物流供应链安全稳定发挥了巨大作用。西安、重庆、成都、郑州和乌鲁木齐五大集结中心充分发挥各自优势，通过合作、联盟等多种途径组织货源，增强集聚辐射带动能力，实现了开行量、重载率的全面提升。截至2021年底，中欧班列累计开行4.9万列，运输货物443.2万标准箱，通达欧洲23个国家180个城市，物流服务网络覆盖亚欧大陆全境，成为沿线国家广泛认同的国际公共物流产品。①

（四）新疆多式联运示范工程有序推进

新疆"东联西出"集装箱公铁水联运工程、丝绸之路国际多式联运工程等获批全国示范工程。截至2021年底，新疆共有10家道路运输物流企业被纳入国家级公路甩挂运输试点项目，其中国家级公路甩挂运输第二批试点项目企业有3家。2021年，新疆新捷燃气有限责任公司通过审核验收获得甩挂运输补贴资金1000万元。2022年，新疆九洲恒昌物流有限公司通过审核获得了甩挂运输补助资金492万元。甩挂运输，这一先进运输组织方式，能有效提高运输和物流效率，降低物流成本，促进节能减排。新疆维吾尔自治区交通运输厅把发展甩挂运输作为道路运输转型升级的重要抓手，认真做好国家级公路甩挂运输试点项目的监督实施、申报验收和补助资金的申请和落实。新疆严格按照《公路甩挂运输试点专项资金管理暂行办法》对甩挂运输车辆的更新购置、甩挂运输管理信息系统的建设予以支持，还对试点企业的甩挂运输车辆实行高速公路通行费优惠政策，正常车辆按应收通行费的75%收取车辆通行费。②

（五）铁路货运规模持续扩大

借助铁路高质量发展的东风，新疆铁路持续深化供给侧结构性改革，在大力发展客运的同时，深化货运增量行动，货运发送量持续跑出上扬曲

---

① 推进"一带一路"建设领导小组办公室，中国国家铁路集团有限公司. 中欧班列发展报告（2021）[EB/OL].（2022-08-18）. http://fgw.guizhou.gov.cn/ztzl/nlkf/202208/t20220818_76121326.html.

② 专汽家园. 新疆：甩挂运输迈向多式联运 [Z]. 2022-10-15.

线。勇于担当国企责任，加快推进阿富准、格库、和若等铁路建设，铁路路网不断扩大。2020 年，新疆铁路货运发送量达 1.748 亿吨，同比增长 15.1%；2021 年，货运发送量达 1.856 亿吨，同比增长 6.2%。铁路货运量的不断攀升，有力地服务了"一带一路"建设，带动了新疆区域经济社会发展。受新冠肺炎疫情影响，航空、海运、公路等运输不畅，铁路运输需求旺盛，铁路货运增量面临较大压力。从电煤保供到民生煤运输，新疆铁路担负着疆内企业电煤、生产用煤、民生煤及河西走廊、成昆等地企业煤炭供应任务，煤炭运量占全年货运量的 50%以上。①

新疆铁路年度货运量于 2018 年首次突破亿吨大关，随后货运量在 1 亿吨基础上连年增长，2022 年更是突破 2 亿吨，4 年时间货运量成倍增加。新疆铁路部门积极响应国家号召，加大运力投入，实施扩能改造，通过增加供给，千方百计保证产业链、供应链稳定，满足民生需求。新疆铁路部门加强与地方政府、上下游企业对接沟通，动态优化保供措施，对出疆煤炭优先配空、优先装车，疆内煤炭运输和疆煤外运保持稳定增长态势。在 2 亿多吨货运量中，新疆铁路运输煤炭 1.2 亿吨，同比增长 29%，其中疆煤外运 5233 万吨，同比增长 45.7%。货源逐年增加，新疆铁路部门近年来一方面稳步推进格库、和若、阿阿等新线建设，另一方面加快实施乌将铁路、南疆铁路、乌西站站场等主要运输通道和站点扩能改造，解决点线能力不配套等问题，实现货运多拉快跑。新疆铁路部门还深度挖掘运力潜力，及时抽调部分客车司机，补充到货车司机队伍，增加机车配属台数，提高机车机班运用效率，优化列车运行路径，制约货运增量的短板得以补齐，为货运增量提供更多运力支撑。②

（六）物流公共信息化平台有效运转

随着互联网、大数据、云计算、物联网与人工智能等新技术和新业态的发展，各种平台经济、商业创新模式不断涌现，商贸物流产业加快融入"互联网+"进程，与农业、工业及信息、金融等服务业融合发展，将推动

---

① 央广网. 新疆铁路今年货运量突破 7000 万吨［EB/OL］. 2022-05-09.
② 新疆铁路货运量年度首次突破 2 亿吨大关［N］. 新疆日报，2022-12-24.

新疆创新发展模式，实现新疆现代物流业跨越式发展。其中，"互联网+流通"，改变物流业传统运行方式，推进物流业智能化、自动化发展，更有效地配置物流资源。新疆交通运输物流公共信息平台为新疆运输企业提供服务，为物流现代化发展、促进丝绸之路经济带核心区建设和优化中欧班列运转提供了更有效的服务手段。

物流公共信息平台以"整合物流资源，为企业降本增效"为目标，服务于政府职能部门、物流需求环节企业、物流基础设施供应行业、物流金融服务企业、运输双方和广大从业人员。物流供应链各环节企业及参与单位、个人通过平台可及时了解物流政策法规，查询货运企业、车辆、驾驶人员信息，可发布车源、货源等信息。平台的建设基本解决了物流供应链参与各环节信息交流不畅、运输空载率高、车货匹配信息不对称、运输企业"弱、小、散"、运输效率低等问题，满足了交通运输管理者、参与者对交通物流公共信息和相应业务功能的需求，实现了物流供应链上下游线上运输配载、运力交易、跟踪追溯、库存监控、资源调剂等功能，并整合了交通、税务、银行、保险、维修、油气等信息资源。先后与霍尔果斯、博乐、哈密等物流节点城市和口岸签订合作协议，服务范围已基本覆盖全疆。截至2018年12月，新疆交通运输物流公共信息平台注册车辆10万余辆，在线车辆3.1万辆，运量为2266万吨，日发布信息1000多条，处理运单99万多件。①

第三节　新疆物流市场主体发展现状

物流企业是按照客户需求，提供运输、储存、装卸、包装、流通加工、配送等市场服务的经济组织。一般分为运输型物流企业、仓储型物流企业和综合型物流企业。

---

① 新疆交通运输物流公共信息平台正式发布［EB/OL］. https：//www.sohu.com/a/309337052_ 120 054804，2019-04-20.

新疆区域物流发展概述

一、市场主体的构成特征

随着新疆经济的快速发展，以连锁经营、物流配送为代表的新型流通业态发展迅速，大型购物中心、新型百货商店、各类超市、专卖店遍布全疆，经营范围拓展到百货、餐饮、图书、医药、石油石化、汽车销售、民航、邮电等领域。从新疆第三产业市场主体的注册情况来看，2020年登记在册企业中，第三产业企业数量为31.93万户，占新疆各类企业总数的79.3%。第三产业企业主要集中于批发和零售业，占比为49.5%。可见，新疆注册企业中约50%为批零贸易企业，对新疆商贸物流业发展发挥重要作用。个体工商户是新疆市场主体的主要组成部分，2020年登记在册个体工商户中，第三产业工商户数量为146.61万户，占新疆个体工商户总数的93.9%。[①] 从新疆第三产业公司制企业和个体工商户的规模来看，总体数量达到178.54万户，为新疆市场主体的主要结构，对社会物流的运行规模产生了重大影响。

截至2021年12月，新疆拥有国家3A级以上物流企业53家，居西北省区前列。其中，5A级企业3家，4A级企业20家，3A级企业21家，2A级企业9家。物流主业上市公司2家，即新疆天顺供应链股份有限公司、广汇物流股份有限公司（四川）。拟上市（IPO）2家，分别是新疆九洲恒昌供应链管理股份有限公司、新疆振坤物流股份有限公司。有物流业务板块的上市公司有6家，分别是新疆众和、新疆天业、特变电工、天富能源、中泰化学、新疆交建。[②]

乌鲁木齐铁路局是新疆第一家5A级企业，以天顺供应链管理公司为代表的大宗运输，以海鸿国际为代表的冷链物流，以邮政小包为代表的跨境电子商务物流，以"四通一达"、顺丰、邮政EMS为代表的快递物流，以蓝天物流为代表的化工危险品物流等加快发展，物流业整体服务能力明显增强。乌鲁木齐铁路局设立乌鲁木齐、哈密等7个区域货运中心和阿拉

---

① 天山网. 2020年新疆市场主体发展分析报告 [EB/OL]. 2021-03-24.
② 资料来源：新疆物流协会。

山口、霍尔果斯 2 个口岸站物流车间，并在全疆设立 60 个货运营销点，以煤炭、石油、金属矿物、钢铁、棉花、化肥、化工等大宗物资为主，通过积极开展承担第三方物流外包业务，货运量呈上升趋势。

民用机场达 25 个，运营新疆机场定期航班的航空公司 29 家。乌鲁木齐国际机场航线 185 条，通达国内外 90 个城市，日起降架次突破 600 架。航空物流快速发展，顺丰、天缘、众和、中通等 10 余家物流产业龙头企业集聚，生物制药、电子信息、鲜活果蔬食品冷链、高端消费品等商品交易平台和分拨中心建设有序推进，乌鲁木齐国际商贸物流枢纽初具规模。

新疆公路货运量构成新疆运输结构的主体，因此公司制货运企业和个体工商户运输单位增长较快，规模较大。截至 2020 年底，新疆交通、仓储和邮政业企业法人数量为 11732 家，从业人员数量为 8.23 万人，在新疆服务业发展中占有重要地位。此外，新疆载货汽车数量达到 75.56 万辆，其中，重型车辆 19.38 万辆、中型车辆 2.72 万辆、轻型车辆 53.46 万辆。[①] 表明新疆形成了较大规模的物流市场运营主体和设施设备条件，有效保障新疆公路运输可持续运行。

二、市场主体的主要行为板块

新疆是我国西部重要的能源资源生产储备基地、能源安全通道、粮食生产基地、优质棉生产基地、畜牧业基地、林果业基地和向西出口的桥头堡，其经济地理条件和产业结构决定了新疆物流企业发展的规模和特点。根据产品和货物的特点、绿洲城乡经济发展水平、各类运输方式的通达性以及物流成本等因素，新疆形成了以公路物流为主体，铁路、民航物流协调发展的物流服务体系。

新疆的区域物流市场主要由能源资源（石油石化、煤炭、矿产资源）物流、大宗农产品物流、城乡商贸物流和口岸通道物流四大板块构成。从区外物流的流向看，新疆向东的物流主要以资源性产品外运为主，包括石油、煤炭、化工产品、棉花、番茄酱等。向西的物流以其他货物类

---

① 数据来源：新疆维吾尔自治区统计局。

(如轻纺、鞋帽、日用存货、家电、机械等)为主,而且大部分产品来自国内中部和沿海省区。对于向西出口产品,新疆基本发挥通道和转口作用。①

三、形成分工合理的物流企业群体

从物流企业发展的所有制结构看,国有企业是行业发展的主要力量,私营企业和个体单位实力不断壮大,并表现出较强的竞争力,成为商贸物流发展的重要力量。外资企业积极参与新疆商贸物流发展,与内资企业同台竞争。新疆管道、铁路和航空物流基本由中央企业运作,公路物流和口岸物流由一些大型企业集团和疆内中小型物流公司承担,城市物流活动由一些中小型物流配送公司、邮政物流系统和一些专业市场配送系统承担,农村物流活动由一些中小型物流企业和城乡个体工商户承担。新疆物流市场活动以运输服务和仓储服务为主,工业物流快速发展,农产品冷链物流以冷藏保鲜库的建设为重点,城乡商贸物流不断活跃增长。总体上,物流市场运作基本上形成了依托中央企业和大企业集团自上而下的物流运作以及地方中小企业和个体工商户自下而上的物流运作两种模式。②

第四节 新疆物流业管理环境建设现状

现代物流的发展需要政府、半官方团体(或民间团体、行业协会)和企业三方面的共同协作。企业是物流的实施主体,半官方团体(或民间团体、行业协会)是行业的协调者和松散型支撑者,政府是行业发展的规划者、政策法规的制定者以及良好基础设施和服务的提供者。

从我国现有的经济管理体制看,物流行业管理尚处在改革探索的阶段。一方面,作为一个特殊的产业运行系统,物流行业能够渗透到生产、流通和消费等社会经济运行的所有环节,行业构成情况比较复杂和庞大,

---

①② 阿布都伟力·买合普拉. 基于丝绸之路经济带框架的新疆现代物流业发展路径 [J]. 中国流通经济, 2014 (9): 34-39.

理论上涉及所有社会物资的商业性移动或流动。另一方面，物流活动分布的各个经济运行领域都由不同的经济管理部门来分系统进行管理，也就是说，不同的物流环节或物流方式由不同的国民经济管理部门进行板块性管理。在基本生产力条件比较程度和社会经济投资饱和的情况下，物流行业领域是降低生产、流通和消费成本的最重要行业领域，被誉为"第三利润源泉"。社会经济越发达，物流产业的重要作用越明显。随着我国经济社会的发展和市场经济水平的不断提高，物流行业越来越受到宏观经济管理部门的重视。对此，在党中央和国务院的重大文件中，"流通"或"物流"体系建设的提法和出现频次越来越多。因此，在国家各部委、各省（区、市）的产业发展规划和空间布局规划中，物流产业得到越来越多的重视，各地纷纷出台各类物流规划和发展意见，成立了诸多行业管理领导小组或工作协调小组等。一些部门成立了"物流处"等处室，一些地方成立了"物流发展局"等部门，但总体来看，物流产业的管理还未纳入国家重大改革的议事日程中。从物流行业未来方向看，它应该是国民经济最后的关键部门之一，是社会经济高度发达的产物。

一、物流行业管理体制现状

（一）物流管理职能分布于若干个条块职能部门

从宏观调控部门的职能来看，新疆物流管理权限被分别划分到发展和改革、商务、交通运输、经济和信息化、邮政、供销、商检、应急管理等若干个不同的部门，形成了条块分割、多头管理的体制。其中，发展改革部门相关职能体现在物流规划的统筹、物流园区的规划、物流宏观政策的发布等层面；商务部门的相关职能体现在城乡商贸流通领域的管理、各类批零贸易市场体系和城市配送体系的建设、进出口贸易与国际货运代理管理等层面；交通运输部门的职能体现在微观物流经营主体（货运企业）的管理、物流装备（车辆）的管理、货运场站的管理、跨区物流通道的建设等层面；经济和信息化部门的相关职能体现在规模以上物流企业的引导管理、成长性物流企业的培育、物流产业的运行监测、物流行业协会的管理等层面；邮政部门的相关职能体现在邮政网点的管理、快递行业的许可管理和监督等层面；供销部门的相关职能体现在对重要农业生产资料、农副产品物流进行组织、协调、管理等层面；商检部门的相关职能体现在各类口岸进出口商品和物资的检验管理等环节；应急管理部门的相关职能体现在应急体系建设、物资储备点建设、社会物资动员等层面。

从国民经济运行中重要行业板块和物流运输方式的特征来看，新疆物流管理权限又被分割到公路、铁路、民航、管道（能源）等部门。陆路和航空部门各自从不同渠道管理着全社会的物流活动，而石油、天然气等管道物流则属于中央企业的管理系统。

从社会动员体制来看，新疆物流管理权限又被划分到应急保障、环保回收等部门。其中，应急物流涉及自然灾害、事故灾难、社会安全事件、公共卫生事件等突发事件，由各级人民政府应急办来管理；城乡废品回收、生活垃圾以及生产部门固体废物处理等由城乡建设部门、环境卫生管理部门和环境保护等部门分口径实施管理。

此外，物流行业的运行管理还涉及行业统计、行业协会（中介组织）等部门。基于新疆的区域发展现实，物流管理还存在地方与兵团分系统管理等特征。

（二）物流产业处于多头管理、分散指导状态

新疆的整体物流管理涉及近20个部门和系统。这些部门和系统都承担了一部分物流管理职能，但是各部门和系统之间缺乏直接的横向联系，没有一个部门或机构能够统一指挥和统筹协调全疆的物流发展。同时，与物流管理相关的部门之间，管理职责不清、条块交叉、权责不一致。由于现有管理部门都具有同等行政级别，而且具有长期形成的条块运行机制，因此对于跨部门、跨系统的物流产业都缺乏有效的衔接和协调义务，也缺乏内部运行机制中的明确规定。部门之间的不协调导致一系列现实问题的出现。例如，规划的冲突问题、部门视角的重复建设问题、产业要素（产业基地硬件设施、物流配送工具、装卸搬运设施、物流作业流程、物流业务票据、物流信息化平台等）不可兼容问题、相互扯皮推诿问题等。这种局

面,一方面是物流产业本身的复杂性造成的,另一方面是过去的计划经济体制造成的。物流产业整体上处于多头管理、政出多门、分散指导的发展状态。

(三)难以实现区域物流统筹规划

由于物流要素的部门化、区域化特征十分明显,因而难以协调部门之间和地方之间物流基础设施和物流园区的投资建设问题。在这种情况下,不仅不能避免地方之间物流设施投资和规划的重复建设问题,而且无法实现物流设施资源的统一配置和协调管理。由于体制原因,物流园区、货运站(场)等规划、建设和管理等由不同的政府机构实施,无法发挥物流的综合效益。铁路、公路、航空等运输方式之间由于管理体制等因素,设施建设上缺少统一规划,造成物流资源的极度分散和浪费,难以组织有效的多式联运。新疆各地州、县市编制的一系列城市发展规划和产业园区规划,未能充分体现物流业的综合发展要求。

(四)基础设施体系建设相对分散和落后

对物流产业发展有重要影响的各种综合性货运枢纽、物流基地、物流中心建设发展缓慢,物流设施总量远不能满足第二、第三产业发展的需要。长期以来,铁路出疆物资的运量始终大于进疆物资的运量,导致铁路运输出疆车辆供给严重不足,难以满足市场需求。大部分物流货运站(场)和服务点机械化、自动化水平不高,部分采用人工搬运装卸的作业方式。物流营运性运输工具主要集中在个体运输户中,组织化程度低,基本还处于零散、量小状态。物流技术装备应用能力和物流信息化水平落后于国内发达地区。物流统计核算和标准化工作还没有形成制度化,尚未构建辐射面广阔的公共物流信息平台。

(五)物流市场无序发展,粗放经营突出

条块分割的物流体系使对内和对外物流分离,严重制约了物流产业的专业化和社会化进程。从地域看,新疆物流产业集中在天山北坡经济带和南疆的喀什、和田等地区,部分的地州,尤其是一些偏远县市物流发展相对滞后。从规模看,物流行业以个体经营为主,行业"小、散、差"的特

征突出。同时，地方之间、区域之间对物流产业市场主体的管理方面存在这样或那样的市场分割和地方性管理政策，时常出现地方上基于自身利益设卡或者对物流企业乱罚款等现象。工业、商业、交通等各自为政，都上物流项目、抢物流市场，造成盲目竞争，使物流应具有的整体功能大大削弱，影响了社会物流成本的降低。一些城乡区域和偏远地区尚未构建完善的农产品流通体系和冷链配送体系，影响众多特色农产品的市场转化和有效配送。

（六）丝绸之路经济带建设迫切需要新疆物流管理体制改革

1. 丝绸之路经济带战略需要新疆构建统一开放的物流市场

现代物流的发展以及丝绸之路经济带建设，要求打破传统的行业与区域限制，建立一个统一、开放、竞争、有序的大市场。对此，新疆需要加快物流产业体系的标准化、规范化改造进程，全面实现与西部地区市场、全国市场和周边国家市场的有效对接，构建畅通无阻的产业运行系统。不断完善物流市场的法律制度，在物流市场准入、监管和退出等方面要全面做到全国通用、与国际接轨。与周边国家在铁路轨距、车辆轴重、排放标准、荷载、公路标识等方面实现国际标准规范统一，在口岸合作、通关、检验检疫、物流信息共享等方面逐步消除一些机制性障碍。需要加大物流制度、规范层面的国际合作，不断提高区域物流运行国际化管理水平。

2. 国内联动发展和国际通道建设需要专门机构推动工作

目前，国内西部地区各省（区、市）都围绕"一带一路"倡议制定了一系列区域发展方案，其中商贸物流业的发展是一个重要行动主题。对于新疆而言，与西部省（区、市）之间，既是物流业联动发展的合作关系，又是物流业错位发展的竞争关系。对此，作为丝绸之路经济带核心区，新疆要发挥主动引领作用，有效推动西部各省（区、市）之间的产业定位和产业发展关系的协调。对此，需要构建一个专门的机构全面谋划和对接地区间的协调发展工作。此外，丝绸之路经济带沿线国家和地区之间国际物流通道建设问题和国际物流事务的协调问题，更需要有一个稳定的体制机制进行系统化运作。新疆需要积极向国家争取丝绸之路经济带物流管理部门在新疆设立常设机构,与新疆相应机构共同谋划国际物流经济走廊的畅通建设问题。

二、物流产业发展政策及规划出台情况

(一)21世纪以来物流政策规划情况

早在2002年自治区政府就制定出台了《新疆维吾尔自治区关于推进流通现代化的意见》,提出"加快提升新疆流通业的现代化水平,建立物畅其流的社会化、专业化的流通网络体系,推进第三方物流配送中心的建设和发展",初步建立了新型流通业态在新疆商业和服务业中的重要地位。2004年自治区发展和改革委员会组织编制了《新疆现代化物流发展规划研究》,并于2005年初出台了《新疆"十一五"物流园区规划》等系列文件。

2006年1月,在《新疆"十一五"规划纲要》中,自治区政府明确指出,要"把现代物流产业培育成六大支柱产业体系之一",并指出"把大力发展现代物流业作为服务业发展的重点,加快推进内外贸易一体化,以现代流通体系促进向西推进的出口加工基地、中转集散地和国际商贸中心建设。加强畅通、便捷、安全的综合运输服务体系建设和管理,创新服务品种,提升服务质量,增强运输服务功能。培育和引进一批现代物流企业,推进连锁经营、物流配送、电子商务、多式联运等现代流通方式"。

《国务院关于进一步促进新疆经济社会发展的若干意见》明确提出要"吸引国内大型物流企业落户新疆,充分利用乌鲁木齐、喀什等交通节点,建立中转集散基地和仓储配送中心,以及一批以产品出口为主的商品交易市场"。在2010年1月召开的新疆维吾尔自治区第十一届人民代表大会《政府工作报告》中,明确提出加快建设"中国乌鲁木齐物流港"。

2011年初,国家发展改革委通过了《新疆"十二五"物流业发展规划》,该规划指明了新疆物流业在"十二五"期间的发展目标、发展任务和工作重点。2011年10月,自治区第八次党代会提出,"大力推进连锁经营、物流配送、代理联运等现代物流业发展,加快建设一批起点高、规模

大、辐射能力强的现代物流枢纽和配送中心"。

上述意见和规划的出台都旨在鼓励发展现代物流产业，以适应新疆区域经济未来发展对物流的需求，也充分体现出国务院和自治区政府已经意识到发展现代物流业对推动新疆区域经济发展的重要性，并不断在政策上给予扶持。

（二）党的十八大之后的政策规划情况

自治区党委、人民政府认真贯彻落实党的十八大及十八届三中、四中、五中全会以及"一带一路"倡议等一系列决策部署，扎实推进丝绸之路经济带核心区建设，提出要建设丝绸之路经济带商贸物流等五大中心。建设商贸物流中心是新疆发挥独特区位优势和向西开放重要窗口作用，提升商贸物流组织功能，实现贸易畅通，促进丝绸之路经济带沿线国家共同繁荣的重要支撑，是充分利用两种资源、两个市场，实现产业集聚、开放型经济发展的创新引擎。新疆构建高效的区域物流系统将为整个丝绸之路经济带建设的顺利推进提供重要的框架性支撑。

2015年7月，《新疆商贸物流业发展规划（2015—2020年）》指出，提高新疆对内、对外开放水平，实现中国与亚欧大陆的互联互通，加快丝绸之路经济带核心区建设，完善疆内"五中心、三基地、三通道"的整体布局，推动新疆商贸物流快速、高效、创新发展，将新疆建设成为有鲜明边疆、丝路与民族特色和重大区域影响力的国际商贸物流中心。[①]

2015年12月，新疆维吾尔自治区发展改革委、商务厅制定的《丝绸之路经济带核心区商贸物流中心建设规划（2016—2030年）》指出，到2020年，基本建成布局合理、功能齐全、业态融合、便捷高效、绿色环保的商贸物流服务体系，商贸物流对丝绸之路经济带核心区建设的支撑性和保障性作用更为凸显。到2030年，商贸物流中心有力支撑丝绸之路经济带沿线国家形成更为紧密的产业联动关系和经济利益共同体，核心区在全球经济格局中的战略地位和影响力显著提升。

2016年5月，《新疆维吾尔自治区物流业"十三五"发展规划》指

---

① 新疆商贸物流业发展规划（2015—2020年）[Z]．2015-07．

出，基于经济新常态的形势要求和新疆打造丝绸之路经济带核心区的战略目标，应把物流业作为新疆的战略性支柱产业，依此打造丝绸之路经济带核心区国际物流中心、区域性产业组织服务平台和全疆城乡生活服务保障载体。①

2017年自治区推进丝绸之路经济带核心区建设工作领导小组办公室印发的《关于推进新疆丝绸之路经济带核心区建设的实施意见》中明确指出，加快建设和形成面向国内和中亚、西亚、南亚与欧洲国家的现代商贸物流服务体系。扩大与周边国家经贸合作，办好边境经济合作区，规范发展一批边民互市示范点，在乌鲁木齐、伊宁、喀什、奎屯、库尔勒等重点城市和喀什、霍尔果斯经济开发区建立一批国际商贸集散地、大型边境贸易市场、储运中心和铁路物流园区。

2017年5月，自治区发展改革委、交通运输厅、乌鲁木齐铁路局、民航新疆管理局联合印发《新疆维吾尔自治区推动交通物流融合发展实施方案》，旨在加快全疆综合交通运输网络建设，促进交通与物流融合发展，有效降低社会物流总体成本，加快推进丝绸之路经济带核心区商贸物流中心建设。该方案提出四项重点任务：打通衔接一体的全链条交通物流体系；构建资源共享的交通物流平台；创建协同联动的交通物流新模式，构建线上线下联动公路港网络，加大运输设备集装化、标准化推广力度；营造交通物流融合发展的良好市场环境。②

新疆流通产业制度环境建设的另外一个重要亮点是交通领域、商业领域各种产业管理制度的多频次出台和实施，这些制度涉及交通安全管理、绿色出行、商品质量管理、商业环境管理等诸多方面。服务业"放管服"改革的深化也进一步加快了流通制度环境的不断改善进程，围绕优化商品和要素流通的政策体系、工作体系和制度体系得到进一步完善。交通运输管理部门始终把安全稳定工作作为压倒一切的政治任务，狠抓重点领域、重点时段安全保障，大力开展"平安交通"专项行动，加快引入重点营运

---

① 国家发展和改革委员会综合运输研究所．新疆维吾尔自治区物流业"十三五"发展规划[Z]．2016-05．

② 石鑫．新疆印发推动交通物流融合发展实施方案[N]．新疆日报，2017-05-26．

车辆管理第三方监控服务。积极落实运输安全生产和应急"双基"（基层、基础）建设要求，加强安全应急体系建设，成立突发公共事件应急领导小组，加强应急保障队伍建设，制定完善应急救援预案，建设完成交通应急指挥监控中心，维稳保障能力不断增强。

党的十九大召开之后，新疆就推动物流重点领域发展系统性出台多项政策措施。先后出台《自治区关于促进物流业发展的指导意见》《关于加快发展冷链物流保障食品安全促进消费升级的实施意见》《关于进一步降低物流成本实施意见》等一系列政策措施，推进全疆物流快速健康持续发展。建立领导推进机制，基本形成高位推动、部门协作、上下联动、责任清晰、分工明确的现代物流业推进合力。在国家物流枢纽、铁路专用线、中欧班列、航空货运、多式联运、跨境电商等方面政策支持力度进一步加大。

2018年2月，自治区人民政府印发了《关于促进物流业发展的指导意见》，提出积极推进7个重点领域的发展，即开展物流园区示范工程，加快物流园区建设；加快公铁联运、陆空联运、海铁联运等多式联运方式发展；建设中欧国际货运班列集结中心，大力发展国际物流；完善物流配送网络，深入发展城乡配送物流；推进"电子商务+物流"产业园建设，加快发展电商物流；完善农产品冷链物流基础设施网络，提升发展冷链物流；建立自治区级应急物流预案和应急通道机制，完善应急物流保障体系。《关于促进物流业发展的指导意见》明确，新疆促进物流业发展的主要任务是加强物流枢纽建设，不断提升互联互通水平；推进供应链物流发展，提升制造产业价值链；创新物流发展模式，推动物流业转型发展；推进物流信息化，提升物流业现代化水平；推广应用物流标准，健全物流标准化体系；积极倡导绿色物流，促进节能减排和资源再利用；培育与引进相结合，推进物流企业做大做强；落实安全管理责任，加强物流安全体系建设。《关于促进物流业发展的指导意见》提出从完善部门联席会议制度、优化发展环境、加大政策支持、拓宽投融资渠道、健全服务体系五个方面综合施策，出台深化"放管服"改革、加大资金和土地等要素保障、加强信用体系建设和物流人才培养等25项具体措施，改善物流业发展环境，加快推动物流业发展。①

在国际产能合作方面，新疆制定完善《新疆参与中蒙俄经济走廊建设的实施意见》和《新疆参与中国"丝绸之路经济带"与哈萨克斯坦"光明之路"新经济政策对接合作规划的实施方案》，积极参与中巴经济走廊、中蒙俄经济走廊建设，配合国家务实推进中巴、中哈、中蒙俄等相关合作规划的落实工作。②

三、物流教育培训情况

在全国物流教育发展以及社会经济发展对物流人才的市场需求扩大的背景下，新疆物流专业教育工作取得了长足的进步。新疆农业大学、新疆大学、新疆财经大学、新疆工程学院等一批高校相继开设了物流学相关专业，一些大中专职业学校也设立了一批物流相关专业，稳步扩大物流专业的招生规模，初步形成了一批师资力量，培养了一批综合性物流人才。

（一）高校开设物流教学情况

新疆开设物流专业的院校较少，每年的毕业生数量与社会需求量有很大差距。根据2014年底统计数据，新疆当前共有16所普通本科高校（含5所独立学院），其中7所设置了物流管理与工程类本科专业；共有26所高等职业院校，其中11所院校设置了物流管理专业，每年培养物流管理与工程类专业毕业生1500多名。③

新疆农业大学是新疆最早设置交通运输类专业的本科院校，2004年在交通运输专业下设置物流工程专业方向，至今累计培养物流工程专业方向本科毕业生600多名。经过10多年的建设，新疆农业大学积累了丰富的办学经验，形成了完整的教学体系和课程体系，培育了一支能够胜任物流工

---

① 新疆维吾尔自治区人民政府.关于促进物流业发展的指导意见［Z］.2018-02-28.
② 新疆2020年上半年丝绸之路经济带核心区建设进展情况新闻发布会［N］.新疆日报，2020-07-17.
③ 刘尚俊，刘君.基于区域物流人才需求的新疆高校物流专业建设浅析［J］.物流技术，2015（34）：213-214.

程专业教学的师资队伍。2014年与俄罗斯远东太平洋大学联合,实现了物流工程专业方向的国际合作办学。经过多年的专业建设,建成物流仿真实验室和物流工程实验室。与新疆新华书店图书配送中心、新疆邮政速递物流中心、阿尔曼集团有限公司配送中心、兵储物流中心等多家物流企业签订校企合作协议,建立物流工程专业本科生校外实习基地,为学生提供充足的实习场所。[①]

(二)专业设置情况

新疆高校主要开设了物流管理、物流工程、现代物流管理、物流服务与管理等专业。新疆高校开设物流专业的时间普遍比较短,专业建设不够成熟。7所开设物流本科专业的高校中,有3所近几年才获批开设物流专业,还没有学生毕业,物流专业的课程建设和学科建设不够完善。[②]

新疆农业大学自2004年开始,依托交通运输工程专业,开设了物流工程专业,学习兄弟院校,制订了第一版物流工程专业人才培养方案。由于经验不足,在授课过程中逐渐出现课程设置、人才定位等方面的问题,因此,在2005年、2006年、2007年、2010年、2012年、2013年、2016年、2017年分别对物流工程专业人才培养方案做了八次修改完善,体现出优化课程体系,凸显办学特色,结合市场专业需求,融入教学科研成果、采用形式多样的授课方式的特点。[③]

新疆高职院校共28所,其中9所设有物流管理专科层次招生计划。通过对新疆9所物流专业高职(专科)招生院校课程设置情况进行梳理,发现大部分院校将物流八大功能要素作为课程设置的基础,也有个别院校开设了一些差异化课程(见表5-1)。[④]

[①③] 李莉,葛炬. 新疆高校物流工程专业人才培养模式探讨[J]. 物流科技,2018(4):146-147.

[②] 刘尚俊,刘君. 基于区域物流人才需求的新疆高校物流专业建设浅析[J]. 物流技术,2015(34):213-214.

[④] 于若冰,刘英. 新商科视域下高职物流人才培养方案研究[J]. 中国商论,2021(18):189-192.

表 5-1 新疆高职院校物流管理专业课程设置情况

序号	学校	专业主干课	差异化课程
1	乌鲁木齐职业大学	物流信息管理、国际货运代理实务、仓储管理实务、运输管理实务、物流服务营销、国际贸易实务、集装箱运输管理、报关与报检实务	国际货运代理、集装箱运输管理
2	新疆交通职业技术学院	仓储管理、配送管理、供应链管理、采购管理、运输管理、物流信息管理、物流设施与设备、物流经济地理、国际贸易等	物流设施与设备、物流信息管理
3	新疆农业职业技术学院	农产品保鲜技术、物流管理、市场营销、第三方物流、仓储与配送、商务谈判、连锁经营与管理、国际贸易实务、网络营销	农产品保鲜技术、连锁与经营管理、网络营销
4	昌吉职业技术学院	现代物流管理、物流市场营销、物流运输管理实务、配送中心运营管理、第三方物流企业经营管理、物流企业会计、供应链管理、物流仓储管理、物流信息技术	物流企业会计、物流信息技术
5	新疆职业大学	电子商务、物流业务营销、采购管理、仓储管理、第三方物流、配送中心运营、物流运输管理、供应链管理、物流成本、报关报检实务、物流企业经营管理	物流企业经营管理
6	新疆轻工职业技术学院	仓储学、运输学、物流机械与设备、包装学、配选学、运输经济学、物流与报关实务、物流管理信息系统	包装学、物流管理信息系统
7	天山职业技术大学	物流信息管理、国际货运代理实务、仓储管理实务、运输管理实务、物流服务营销、国际贸易实务、报关与报检实务	国际货运代理实务
8	新疆石河子职业技术学院	仓储管理、物流运输管理、采购与供应链管理、配送管理、商务数据分析、国际货运代理、冷链物流、国际物流	商务数据分析、冷链物流
9	伊犁职业技术学院	现代物流管理、配送与配送中心管理、采购与仓储管理、供应链管理、物流管理信息系统、商品学、电子商务、社会调查	商品学

根据新疆物流学会对 29 所学校的问卷调查，2022 年新疆高校物流专业分布中，现代物流服务与管理专业占 28.5%，物流工程专业占 14.2%，现代物流管理专业占 42.8%。调研数据显示，2022 年物流专业所在院系最多的是管理类院系，为 17 个（包括工商管理学院、经济管理学院，分别为 2 个、15 个），交通运输类与商学院类院系的专业为 6 个，工程院系的

专业较少。①

新疆高校没有物流专业研究生招生和培养资格，物流专业也不是自治区级的重点学科（专业）。因此新疆高校的物流专业建设相对比较薄弱，不能满足高层次物流专业人才的需求。②

（三）师资和人才培养情况

随着物流教育的发展，新疆院校形成了一定规模的教授、副教授、讲师、助教等师资结构。根据新疆物流学会2022年进行的问卷调查，提交调研表的29所学校，共计教授9名，副教授34名，讲师86名，助教64名，班级157个，学生6865人；校内实训室和校外实训基地都有的院校占96%。③

根据对物流专业每年的就业情况和企业投放的招聘计划对企业的需求进行估计，企业对物流专业的需求量比较大，而且呈逐年增长趋势，新疆高校每年培养的物流专业毕业生供不应求。④

四、物流行业组织发展情况

物流行业组织是在物流行业管理部门指导下，对物流产业从业企业和人员进行重要市场引导的社会组织，包括各类学会、协会等。根据物流相关行业的发展，新疆形成了道路运输协会、物流行业协会、物流学会等行业组织。

（一）新疆道路运输协会

新疆维吾尔自治区道路运输协会成立于1993年，业务主管单位为自治区交通厅，业务包括理论研究，学术、经济、信息交流，行业协调管理，人才培训，咨询服务，举办实业，出版刊物等。2016年11月，协会脱钩改革，将自治区原机动车驾驶员培训协会、机动车维修与检测协会、出租车协会、站场协会合并到新疆道路运输协会。协会下设有国际道路运输分

---

①③ 资料来源：新疆物流学会2022年物流职业教育问卷调查研资料。
②④ 刘尚俊，刘君. 基于区域物流人才需求的新疆高校物流专业建设浅析［J］. 物流技术，2015（34）：213-214.

会、城市出租车与汽车租赁分会、道路旅客运输专业工作委员会、道路货物运输专业工作委员会、机动车维修与检测专业工作委员会、机动车驾驶员培训专业工作委员会、专家工作委员会7个专业工作机构。协会现有工作人员7名，2017年1月协会成立党支部。按照自治区组织部"脱钩不脱管"的要求，协会业务主管部门是自治区交通运输厅。开展的重点工作如下：

1. 积极开展行业调查研究，反映行业诉求呼声

协会发挥桥梁纽带作用，着力打造政府主管部门与企业之间互动平台，多频次组织客运、货运、国际运输、维修检测、驾培、出租、租赁企业召开专题座谈调研会，将企业反映的问题、建议意见，在仔细分析问题成因和了解各地做法的基础上向相关行业管理部门上报调研报告20余篇，并得到了行业主管部门的认可和回复，及时解决了一部分行业难点和热点问题。

2. 积极组织企业参加道路运输行业服务评选评优劳动竞赛

协会以会员需求为导向，积极组织企业参加交通运输厅、自治区总工会、中国道路运输协会、中国出租车协会、中国维修行业协会举办的各类评选评优活动，不断创新服务形式和内容，在行业中树立典型模范，展现道路运输企业的优秀形象。大力弘扬劳模精神、劳动精神、工匠精神，培养一批交通运输行业高素质劳动者和技术技能人才，通过技能大赛在全行业范围内形成勤学技术、苦练本领的浓厚学习氛围，达到了以赛促学、以赛促练的目的。协会每年都举办劳动技能竞赛活动，并选拔选手参加国赛。评优、评选、竞赛活动包括"丝路交通杯"主题劳动和技能竞赛活动，百强诚信企业申报活动，道路运输终身荣誉奖申报活动，安全行车百万公里竞赛活动，"最美货车司机""最美出租车司机"评选活动，开展企业等级评定工作、货车驾驶员职业技能大赛、机动车驾驶理论教学竞赛、商用车维修新疆区选拔赛、教练员职业技能大赛等。

3. 开展行业培训，提升从业人员业务水平

为提升行业从业人员整体素质，紧扣行业需求，为企业创造学习交流机会，协会以多种形式举办机动车维修企业负责人及管理人员培训班、新能源汽车维修技能人才及低压电工取证培训班、机动车驾驶培训教练员素

质提升工程特训班、危险货物道路运输安全管理办法宣贯培训班、道路旅客运输及客运站管理规定宣贯培训班、小微型客车租赁经营服务管理办法宣贯培训班、出租汽车行业管理人员培训班、新疆道路客运包车（旅游）管理信息系统培训班等多场次、多形式的线上线下培训班。

4. 配合行业主管部门开展业务工作

协会紧密配合行业主管部门开展工作，按照要求跟踪政策执行，参与政策反馈和修正，通过参加行业监督检查工作、行业调研活动，保质保量完成各项要求。严格依法依规履行出租汽车行业服务职能，开展出租汽车服务质量信誉复核工作，加强检验检测机构监管，营造公平有序的市场环境，开展安全生产标准化评价工作等。

5. 协助政府制定与修订行业重要标准规范

一是协会联合自治区道路运输发展中心，组织驾培机构对《机动车驾驶培训教学与考试大纲》提出修改意见。二是配合自治区交通运输厅、自治区道路运输发展中心参加班车客运定制服务征求意见会议，向客运企业发出《新疆维吾尔自治区班车客运定制服务管理办法（试行）征求意见稿》。三是起草了《新疆客运行业现状调研情况说明》报送至自治区商务厅，为自治区客运车辆延期报废提供一定的参考依据。四是起草《关于印发〈新疆维吾尔自治区出租汽车服务质量信誉考核实施细则〉的通知》修订稿和《关于转发交通运输部关于印发〈出租汽车服务质量信誉考核办法〉的通知》等。

6. 召开汽车租赁行业高峰论坛

协会召开汽车租赁行业高峰论坛，宣贯政策法规，反映行业呼声，集中行业优势资源，建立了供应商的集采平台，密切了会员单位之间以及上下游产业链之间的合作关系。

（二）新疆物流行业协会

新疆维吾尔自治区物流行业协会成立于2007年7月，是新疆维吾尔自治区境内从事物流业的各种经济成分，是由物流企业、批发市场、相关组织、科研教学单位、新闻媒体和个人自愿组成的全区性行业组织，是非营利性社会团体，具有独立社团法人资格。新疆物流行业协会在工作上接受新疆维吾尔自治区经济和信息化委员会的业务指导，接受自治区民政厅监督和管理。协会下设新疆物流企业综合评估委员会、专家委员会等机构。目前协会会员包括近200家商贸物流企业。

1. 协会的宗旨

遵守《中华人民共和国宪法》、法律、法规和政策，全心全意为会员及行业服务，密切社团、企业与政府间的联系，维护会员及企业的合法权益；加强行业自律，推进自治区物流业的改革和发展，更好地为新疆社会主义现代化建设事业服务。

2. 协会的业务范围

（1）贯彻党和国家及自治区党委、政府有关物流行业发展方面的方针、政策和法规，根据贯彻中出现的问题，向政府及有关部门反映会员企业的正当愿望和合理要求，维护企业合法权益。

（2）受政府委托，组织和实施行业调查与行业统计，向政府有关部门提出行业发展规划、行业产业政策、经济立法等建议，并参与有关活动。向会员单位及时通报传递市场信息以及国内外同行业市场发展动态，及时通报流通经济理论、现代物流发展、电子商务、政府采购以及供应链管理等方面的信息，为会员单位提供信息咨询服务。

（3）开展市场调查，分析市场形势，开发信息资源，建立信息网络，为会员、企事业单位、政府部门提供信息咨询服务，推荐经济项目合作，介绍引入资金合作。汇总大部分会员提出的行业发展规划、产业政策、行业标准制定、经济立法等意见，向政府有关部门反映并组织会员参与制定工作，同时接受会员单位的委托，协助会员单位建立与政府、经济研究机构以及相关单位之间的公共关系。利用协会专家群组优势，深入实地调研，受理规划项目，协助企业制定系统可持续发展规划战略。协助会员推广新成果、新技术，举办各种行业发展报告会、学术研讨会及经验推广等。提高会员单位在管理和运营等方面的科技含量，协助提升会员单位的核心竞争力。

（4）推进本行业的企业改革、改造与发展，表彰先进，组织经验交流。

（5）组织流通经济理论以及物流、电子商务、政府采购、理论与务实研究，举办各种类型的学术研讨会、报告会。组织本行业开展各项与国外有关经济组织和物流团体的活动，包括组织商务考察、人才培训、举办展览、经贸洽谈等，促进会员发展对外贸易、经济技术、科学管理、学术研究等方面的交流与合作。

（6）开展行业自律，制定行规行约，按照国家标准和行业标准，参与本地区行业标准的修订，组织行业企业进行质量认证。

（7）采取多种形式为企业培训各种专业人员，提高物流行业队伍的素质。

（8）协助政府加强行业法治建设，建立公开、公平、公正的市场秩序，接受委托参与协调行业之间的经济、法律关系，调解会员之间的纠纷，为会员提供法律咨询服务。

（9）组织跨地区的商品交易活动，促进电子商务、物流配送、连锁经营、代理机制等新兴营销方式的发展，提高物流产业的科技含量，以信息化带动流通的现代化。

（10）组织发展行业的公益事业，参与和开展有益于提高本行业社会地位的各种社会活动。

（11）编辑出版发行会刊、资料、联系刊物和出版物。

（12）承担政府有关部门委托的工作任务。

3. 开展的工作

新疆物流行业协会自成立以来，始终坚持"交流、合作、发展、共赢"的办会方向，突出"发展交流 和谐共进"工作主题，紧紧围绕新疆物流产业科学发展做了许多卓有成效的工作，受到主管单位、民政部门以及广大物流企业的好评。

开展的工作有：宣贯国家标准，协助制定地方标准；物流企业资格认定（A级物流企业、质押监管企业、冷链物流、星级仓库、网络货运平台、供应链服务等）；信用评价；培训；物流统计前期推进等工作。

（三）新疆物流学会

新疆维吾尔自治区物流学会成立于2012年5月，主要由疆内从事物流教学理论、研究的大专院校、科研单位和从事物流实践与管理工作的物流、商贸企业的专家、学者和经营者自愿组成，是以研究在社会主义市场经济条件下的物流理论、物流教学、物流管理和物流科技现代化为主要内容的非营利性的学术团体，具有社团法人资格。

学会自成立以来，认真贯彻落实新疆维吾尔自治区党委、政府的工作部署，按照"聚人才、上水平、求实效，打造新疆物流智库"的工作要求，找准定位，夯实基础，主动作为，在推动新疆现代物流服务体系和学科体系建设，培育壮大人才队伍，促进新疆物流业产业地位提升和行业创新发展等方面进行了有益的探索。

学会坚持以"人才培养、实践教学"为主题，组织区内各大中专院校从事物流专业教学的教师，共同探讨现代物流人才培养体系与实践教学中存在的问题，在物流教学改革、信息化、产教融合等方面进行交流探讨。自2014年起，学会每年连续举办"丝绸之路经济带背景下的新疆物流发展"学术论坛和"自治区大中专院校物流类专业教学研讨会"，营造了浓厚的学术研究氛围，对促进会员之间交流研究成果、探讨前沿理论、指导教学实践、促进产学研结合和学科体系建设起到了积极的推动作用。

学会充分发挥人才资源优势，在承接政府项目、提升学会服务能力方面进行了积极探索。截至2019年底，学会先后组织新疆大学、石河子大学、新疆铁道职业技术学院的师资力量，承接了《巴楚县物流发展规划（2015—2020年）》《三岔口公路港可行性研究》《和田市火车站工贸物流园区"物流服务区规划"》《于田县物流发展规划（2016—2025年）》《和田地区物流业发展规划（2018—2025）》《乌鲁木齐市"十三五"物流规划中期评估》等项目，取得了良好的效果。

学会十分重视加强与国内外同行的联系与合作，与区内外专家、学者相互学习，分享经验。近年来，学会先后与中国物流与采购联合会、中国交通运输协会、四川省人民政府物流办、四川省物流学会、传化物流集团公司、山东顺和国际物流有限公司等单位进行学习交流，共谋促进新疆现代物流发展大计。

第六章

新疆区域物流发展阶段评价及特征

作为典型的内陆绿洲区域，新疆的区域物流产业在综合交通运输设施的变化、各类产业基地的形成、城镇化的发展和对外经济贸易的促进等综合作用下，得到进一步发展。区域物流基础设施的构建与演变、物流企业群体的形成与发展、物流产业服务能力的构建与提升、物流产业政策的出台与落实等综合要素都从不同层面对新疆物流产业的发展产生了深远影响。作为区域经济基础的重要部门以及服务行业的支柱部门，新疆物流产业形成了符合自身产业发展阶段的运行框架和特征。

第一节　发展阶段

结合当前新疆宏观经济发展、物流产业要素条件的基本情况以及与区域物流发达地区的相对比较看，新疆区域物流发展呈现以下四个方面的阶段性特征。

一、基础设施建设仍然处于逐步完善的阶段

新疆被确定为丝绸之路经济带核心区后，无论从党中央、国务院层面，还是从新疆地方党委和政府层面，都对现代物流业发展给予了高度重视，制定出台了一系列产业指导性规划和文件，进一步加大对物流业的扶持力度。自治区编制了《丝绸之路经济带核心区商贸物流中心规划》和《丝绸之路经济带核心区交通枢纽中心规划》，统领全疆的物流产业发展布局，出台一系列推动区域物流发展的实质性措施，加快推进物流产业"四化"（专业化、社会化、信息化、标准化）进程。

在此背景下，新疆切实加大了公路、铁路、民航、管道等基础设施的建设力度，力求构建既符合"一带一路"建设要求又符合新疆区域发展需求的综合物流基础设施体系。其间，结合全面建成小康社会目标和脱贫攻坚战目标，对区内的相对贫困地区、偏远地区和沿边开发地区加大了交通等基础设施的投入力度，进一步改善了广大农牧区、边境地区的交通通行状况，提升物流基本公共服务能力和水平。同时，综合交通基础设施网络不完善、不充分，仍是当前新疆交通运输发展面临的首要问题，未来一段时期内仍需保持一定建设规模和发展速度，加快区内国家高速公路网和普通国道网贯通，继续完善省级公路网，全面提升城乡基础网，大力提升基础设施的总体供给能力。

二、区域物流网络布局仍然处于初步形成期

通过全方位建设，新疆干线交通网络的基本骨架已经形成，国内中心市场的主干通道和向西开放的亚欧骨干通道正加以构建。同时，以丝绸之路经济带核心区为依托的向东、向西、向北、向南等综合通道仍旧处于逐步完善的阶段。基于高速公路、民航、快速铁路等多种运输方式的综合网络还处在加快建设的阶段。疆内两大盆地的环形通道、沿边产业带的连接通道尚处在逐步完善阶段。

新疆综合运输体系骨干交通网络的进一步完善，将进一步促进物流网络的完善，全市物流业发展的区域聚集和辐射态势将进一步形成。未来10~20年，新疆物流通道建设将从加快构建区内综合交通骨架网络向强化与周边区域联系、提高进出疆互联互通水平转变。区内各类大型货运站（场）有望实现由区域性的货物集散中心向核心区全局性的货物集散中心跨越，进一步发挥区域物流集结功能，促进全区物流网络的完善。

在物流枢纽和节点建设上，区内各地（州、市）都掀起了物流园区建设热潮，将促进全区物流节点布局的进一步完善和优化。同时，由于各类特色产业基地的建设、国际贸易体系的建设等都处在动态演变的阶段，枢纽城市的陆港建设和各类物流园区的建设积极适应区域经济发展新变化，摸索物流节点布局和建设的路径，商贸物流配送体系和农村末端物流配送

体系将得到进一步完善。

三、物流服务能力仍然处于不断提升的阶段

新疆区域经济发展方式的转变和产业结构的升级对提升物流水平提出了新要求。随着全区经济结构调整和产业转型升级的深入，物流产业的基础动脉作用将进一步发挥。伴随新疆新型工业化进程的逐步推进，加快发展以物流业为骨干的服务业是大势所趋。随着人们生活水平的提高，要求全面提升运输服务效率与品质，培育运输新服务、新业态、新模式，不断满足多元化、个性化、差异化的出行需求，提供更加可靠、可见、可控的货运服务。

针对满足产业发展需求和居民生活、生产便利化的需求，新疆区域物流将从着力提升单一物流方式能力向加强综合物流衔接协调、提升综合物流体系整体效率转变。物流产业发展中将更加注重调整优化综合物流结构，促进各物流方式的融合交汇、统筹发展，在充分发挥综合物流整体优势和提升组合效率的同时，不断提升物流服务品质，适应日益提升的物流服务需求是新疆区域物流发展的重要趋势。在抓好传统商贸物流和大宗物流的基础上，加强快递物流、电商物流、应急储备物流等新兴业态的建设，也是新疆区域物流提升服务能力的重要方向。

具有较强市场竞争力的物流企业的培育过程是新疆物流市场主体体系建设的主要方向。针对行业分割和区域分割的物流市场，新疆物流产业的市场整合还需要一个较长的演变过程。

四、产业指导仍然处于多头治理的阶段

由于物流行业的复杂系统特点以及对物流管理体制机制创新过程的不断探索周期，新疆的物流产业管理体制和产业指导仍旧处于部门多头治理的发展阶段。一方面，新疆的物流基础设施体系建设和网络空间布局体系处在初期构建阶段；另一方面，新疆的物流产业未能形成完整的物流产业链，行业分割和地区分割仍旧存在，企业群体的整合建设水平较低。这些综合因素，一方面，更加强化物流产业宏观指导的必要性；另一方面又显

示出产业治理条件的不成熟。

越是经济欠发达地区，越对物流产业发展的意识不够深刻，对所有国民经济行业部门服务支撑能力的认识不够深刻，始终将物流产业作为第三产业部门中的一个分支行业部门看待，不能全方位看清物流产业对国民经济的系统支撑和系统优化作用，导致对物流产业指导的体制机制缺失，不能及时有效地发挥物流产业的发展潜能。

第二节　发展亮点

基于新疆的区域经济发展水平和区域物流体系建设，新疆物流产业也形成了一定的发展特点。

一、国际物流枢纽地位显著提升

物流业对经济社会的基础性、战略性地位和作用进一步显现，基本建立以新疆为核心物流枢纽和前沿组织服务中心、辐射带动沿线区域物流协同发展的现代物流战略格局。新疆作为丝绸之路经济带核心区地位日益凸显，基本建成连接亚欧、双向开放的物流枢纽和丝绸之路沿线区域产业发展组织平台。依托综合交通枢纽和产业集聚区，进一步发挥核心区与中亚、西亚、南亚、欧洲经贸合作纽带作用，构建互联互通物流服务网络体系，基本形成丝绸之路经济带承东启西的集保税物流、中转集散、物流信息、物流金融等于一体的国际物流发展基础。

二、战略性新兴产业地位基本确立

大跨度、广覆盖、立体式和开放型的新疆商贸物流骨干体系基本形成，商贸物流业社会化、专业化、标准化、信息化、组织化和国际化水平进一步提升，支撑疆内产业经济发展和增进各民族民生福祉的功能进一步强化，商贸物流业成为新疆基础性、战略性和优势主导产业，基本建成立足新疆、面向全国、聚合周边、贯通丝路、辐射亚欧的国际商贸物流中心，巩固提升新疆"向西开放战略平台"和"丝绸之路经济带互联互通重要节点"的地位作用，打造新疆商贸物流升级版，助推中国—欧亚经济联盟自由贸易区建设，稳步拓展新疆与我国新一轮开放发展的巨大空间与增长动力。[①]

三、产业集聚作用进一步凸显

新疆物流企业不断适应丝绸之路经济带商贸物流中心建设和交通枢纽中心建设的需要，构建现代化的物流服务体系，为丝绸之路经济带核心区建设提供有力的产业支撑。充分利用两个市场、两种资源的优势条件，通过企业"走出去"和"引进来"，完善商品交易服务体系，使国内外商贸交易规模进一步扩大，商贸业态进一步提升，服务能力进一步增强，基本建成内外贸联动、商品服务贸易并举、线上线下融合的双向辐射商贸交易中心。充分发挥商贸物流对现代农业、加工制造等相关产业的基础支撑和引领作用，融合产业发展要素，构建低成本、高效率的产业服务体系，吸引内地企业与国际企业在核心区投资发展，基本建成产业服务体系完善、产业发展模式创新的产业集聚组织服务中心。物流一体化运作、网络化经营能力进一步增强，信息化和供应链管理水平进一步提高，形成一批具有一定区域竞争力的综合物流企业集团和物流服务品牌。

四、民生改善保障作用明显增强

初步建成布局合理、功能齐全、服务完善的商贸物流节点网络体系，打造全疆城乡生活服务保障载体。政府在物流管理方面的改革创新深入推进，基本构建有利于现代物流发展的体制机制，建立健全促进现代物流发展的政策体系和公共服务平台，物流业发展外部环境明显改善。[②] 通过创新商贸物流运营组织和商业模式，健全商贸服务体系和物流配送网络体系，进一步扩大城乡居民就业，提高收入水平，提升生活消费便利化程

[①] 新疆商贸物流业发展规划（2015—2020年）［Z］．2015-07．
[②] 国家发展和改革委员会综合运输研究所．新疆维吾尔自治区物流业"十三五"发展规划［Z］．2016-05．

度，基本建成城乡一体、服务均等、生活便利的民生保障服务平台，改善城乡居民生活水平。

第三节　制约因素及问题

尽管西部大开发、援疆建设和丝绸之路经济带建设以来，新疆物流业同国民经济其他部门一样有了较大的发展，但相对国内外物流发达地区而言，新疆的物流发展在规模上和技术上尚处在起步阶段，需全面加快现代化区域物流体系的构建进程，不断提升区域物流综合服务能力。

一、区域发展需求与国家重大战略部署的有效对接不够

尽管新疆一批重大交通设施项目被纳入了西部大开发规划和国家综合交通运输体系规划，但是对整体物流通道体系的建设问题尚缺乏系统化的高起点谋划机制。首先，缺乏一批重大物流基础设施项目建成后对区域经济社会影响和效益、作用等层面的系统评价研究。其次，相关的重大项目和阶段性项目的后期储备体系需要进一步构建和完善，对此需要对通道长远发展战略和区域发展功能进行深入的系统性研究。最后，新疆物流通道的建设还涉及依托新亚欧大陆桥经济走廊、中国—中亚—西亚经济走廊和中巴经济走廊的新能源通道的建设格局，对此，需要从国家的能源安全战略、石油天然气等领域大型中央企业的生产力布局以及能源通道沿线区域的能源下游产业发展格局等层面进行系统的规划研究。对此，需要自治区党委和政府积极主动对接，积极呼吁，抓住重大战略机遇，做大做强区域物流产业体系。

二、通道运营体系构建需要一个较长的发展进程

新疆多方向物流通道体系建设的主体是政府部门和国有企业，但是物流通道的长远发展需要众多市场主体的有效参与。由于新疆一些重大通道

项目尚处于建设阶段，尚未相应地构建多层次的企业群体运营体系。例如，进出疆公路通道沿线相对成型的企业群体多为个体型运输企业或中小型物流公司，发展规模普遍偏小。对于整体物流通道的运营体系建设而言，还需要建设与沿线区域的产业体系相互配套的多层次物流配送体系和节点性区域物流基地。对于外向型物流行业发展层面，也需要多元化企业运营体系的有效构建。新疆综合物流通道要达到国际化标准的系统化运营，还需要一定发展进程。对于新疆而言，基于本区域经济发展的疆内铁路网络建设和基于通道能力的国际铁路通道建设任务仍然十分繁重，仍需较长时期的投资建设周期。此外，公路、铁路、民航、管道和邮政等行业基础设施之间缺乏有效的联动机制，难以将整个物流活动流程有效地配置于社会化服务平台中，影响了物流活动的有效畅通运行。在物流要素部门化背景下，新疆物流活动的系统运行环节未能实现高效衔接和低成本运作，造成物流要素部门之间分布和配置不均衡，缺乏高效的协同运作机制，在一定程度上增加了社会物流运行的总体成本。

三、尚未构建起全面有效的多式联运体系

新疆的城市化发展水平的制约以及相应物流市场规模的有限性，使得新疆尚未构建成基于多种运输方式的多式联运体系。新疆一批重大铁路和高速公路基础设施项目处在持续建设阶段，因此构建起相对成熟的多式联运体系需要一定的建设周期和进程。此外，物流运输通道与物流节点结合不紧密，不同运输方式缺乏有效衔接，尚未形成多种运输方式协调发展的综合运输体系。对于一些重大的铁路和高速公路等物流基础设施项目如何辐射和拉动区域经济发展，如何与沿线地方经济和产业发展有效衔接，如何提升新疆整体通道服务能力等方面尚缺乏前瞻性的预判和推动机制。总体上，新疆的经济地理和物流产业发展优势以及重要的物流通道作用尚未充分发挥。新疆物流活动运行中，公路运输承担了大部分货物周转量，而物流成本较低的铁路建设长期处于滞后状态。同时，承担自治区境内主要客货运输任务的公路网等级低，公路运输枢纽布局不合理，物流功能单一。铁路建设和改造任务繁重，新疆境内许多地州之间均是单线进出，缺

少迂回或平行分流通道。尚未构建大城市之间以及城市与边境口岸之间网络化的铁路物流体系，运输干线数量过少、能力不足，加之布局不尽合理，使新疆铁路物流网络缺乏应有的应变能力。目前新疆的基本物流方式主要是公路和铁路。公路物流企业和铁路物流企业与商业、物资、外贸等行业合作，形成各自领域的物流体系，但是公路物流体系和铁路物流体系的发展缺乏沟通、协调，有的铁路站点没有公路站点，公路站点缺少铁路站点，即使同时具备了公路站点和铁路站点，也没有将两者一体化，增加了物流企业的成本。

四、物流市场化水平仍旧较低

新疆的物流产业具有大宗工矿型物流和特色农产品物流等两大体系，其中煤炭、石油、棉花等一些大宗物流整体上由中央和地方的各级国有企业运营，一些企业仍旧保留着广泛的系统内物流部门。而新疆的一些特色农产品的冷链物流又不够完善，其体系仍处在基本建设阶段。第三方物流从事较多的是城乡商贸物流和依托电商的各类物流等。这些市场主体规模普遍较小，规模化的民营物流企业较少。总体来看，新疆尚未构建相对完整的物流产业链体系。而新疆工业化发展水平低，工业体系不完整的区域特征，更是表明新疆的物流市场化水平层次较低。要打破行业物流和地区分割需要进行大跨度的市场化改革。然而物流市场本身规模更多地受到实体产业体系规模的制约。生产力结构在一定程度上决定了新疆物流市场的结构。新疆物流市场逐年扩大，物流企业逐步增加，但实力相对薄弱。新疆物流企业中资金雄厚的为数不多，大都是规模较小的托运部。这些小物流企业资源分散，难以形成较强的竞争力，而且相互之间缺乏关联，缺乏信息沟通，缺乏统一的协调和合理的调度，加之体制问题导致的条块分割，难以做到科学有效地配置资源。没有骨干物流企业带动，成为制约物流产业快速发展的"瓶颈"。新疆物流企业大多由传统的运输公司或储运公司改名而来，规模小，管理不规范，物流服务专业化程度低。就业务辐射范围而言，新疆物流企业多为地区性物流企业。

五、城乡配送体系仍旧存在短板

受工业化、城市化、信息化和市场化水平的制约，新疆城乡环境物流配送体系仍旧存在短板，尤其是新疆广大农村的物流体系和特色鲜活农产品的冷链物流体系尚未完整地构建起来。尽管新疆城市化建设速度较快，但城市总体规划对市场及城市配送的重要性认识不足。在道路设计、商业网点、建筑设计等规划过程中，缺少对配送需求的基本考虑，没有为城市配送预留足够的配送站点、货运通行道路等。现有的配送中心多由市场自发形成，比较散乱，功能不完整，很少具备分拣、流通加工、包装、组配等功能。一方面，由于绿洲经济地理特点，新疆物流配送的区域距离较长，配送成本相对较高；另一方面，广大农村地区缺乏有效的自下而上的农产品物流配送体系。尽管新疆独特的自然地理条件孕育了众多具有地域特色的农产品，但是由于农村自下而上物流供给体系的缺失，特色农产品难以形成市场规模和品牌优势，导致广大农牧地区的特色产品商品化率较低、市场转化效率较低。农村物流的这种缺失状态在一定程度上是由于缺乏信息化平台支撑、电商支撑、品牌支撑和配送支撑所导致的结果。

六、改革创新力度不够大

从新疆区域物流发展的总体情况看，一方面，新疆的区域通道优势尚未充分发挥出来；另一方面，物流产业未能真正意义上引起决策部门的高度重视，或者缺乏相应的工作体制机制促进物流产业的跨越式发展。作为丝绸之路经济带的重要支撑要素，物流产业理应实现前瞻性规划和产业引领，但是这种产业培育体系始终没有全面建立起来。对于新疆的区域经济腾飞而言，通道体系和物流产业体系，应该超前谋划和集中力量推动，要全面完成基础设施的建设和综合物流网络的构建，当前这个过程仍旧在延续和完善中。由于缺乏专门的、权威的管理部门，因而，物流产业的宏观规划问题、相关部门职能分工问题、专项产业政策制定问题等长期得不到解决，导致物流产业管理成本和运行成本居高不下，不能充分发挥国民经济中的基础动脉作用。① 同时,现有产业体系的规范化、标准化发展仍旧处在初期建设阶段。地方之间、部门之间仍旧存在同质性建设和重复建设等问题,一方面影响物流产业的基于市场规律的自我发展壮大;另一方面造成众多资源的闲置,甚至浪费。物流枢纽城市、节点县市建设、物流园区建设、物流中心和配送中心建设等都处在发展阶段,规范化发展、标准化发展水平仍旧偏低,缺乏有效的规范化发展的工作机制。全区范围内尚未建立起物流产业相对清晰的基础数据体系和统计核算工作机制,很难准确了解全区的物流产业资源要素情况。相对一些物流产业发达地区,自治区政府对物流产业的各类扶持政策是远远不够的,甚至缺乏相对完整的产业扶持政策体系。新疆是我国西部地区典型的欠发达地区,区域各地州和县域经济发展基础普遍薄弱,财力有限。在实施一些重大交通设施项目时,往往涉及地方配套资金的筹措和征地拆迁费用的承担等重大资金支出事宜。而新疆原贫困县域较多,缺乏充足的财政资金投入建设事业。对此,需要从国家区域发展战略和对外通道建设布局的高度进行统筹规划,稳步推进。

---

① 阿布都伟力·买合普拉. 新疆建设丝绸之路经济带商贸物流中心的对策思考[J]. 流通经济,2016(12).

第七章

新疆区域物流发展需求与展望

流通体系在国民经济中发挥着基础性作用,构建新发展格局,必须把建设现代流通体系作为一项重要战略任务来抓。中央财经委员会第八次会议指出,"建设现代流通体系对构建新发展格局具有重要意义""国内循环和国际循环都离不开高效的现代流通体系"。要贯彻新发展理念,推动高质量发展,深化供给侧结构性改革,充分发挥市场在资源配置中的决定性作用,更好发挥政府作用,统筹推进现代流通体系硬件和软件建设,发展流通新技术、新业态、新模式,完善流通领域制度规范和标准,培育壮大具有国际竞争力的现代物流企业,为构建以国内"大循环"为主体、国内国际"双循环"相互促进的新发展格局提供有力支撑。

流通体系现代化总体上反映了新疆区域物流发展的宏观需求。近年来,虽然新疆的骨干流通网络逐步健全,新业态新模式也不断涌现,但是新疆的流通体系现代化程度仍然较低,还存在一些深层次的"堵点""瓶颈"。新疆还要加快融入全国统一大市场,形成区内区外良性互动发展的循环物流网络。要建设现代综合运输体系,形成统一开放的交通运输市场,优化完善综合运输通道布局。要完善现代商贸流通体系,培育一批具有全球竞争力的现代流通企业,推进数字化、智能化改造和跨界融合,加强标准化建设和绿色发展,支持关系居民日常生活的商贸流通设施改造升级、健康发展。在新发展格局背景下,一方面,新疆区域物流体系建设为国家双循环经济体系提供服务,另一方面,还要全面保障新疆经济社会发展对物流产业的综合需求。此外,物流产业作为国民经济第三产业部门的一个重要领域,还要实现产业系统自我转型、升级发展的目标。

第一节 区域物流发展总体要求

加快解决物流发展不平衡不充分问题，推动物流高质量发展是推进新疆物流业发展方式转变、结构优化和动力转换，实现物流业自身转型升级的必由之路。新疆要站在全局高度，深入学习和准确把握加快构建新发展格局的核心要义和丰富内涵，多维度挖掘物流业高质量发展潜能，为建设现代化经济体系提供坚实的物流体系保障。

一、满足人民生活便利化需要

物流运输关系国计民生，服务亿万群众，是重要的民生领域，必须紧扣社会主要矛盾变化，把制定满足人民群众对美好生活新期待的物流运输政策作为"先手棋"，在提高综合交通运输网络效率、降低物流成本、交通安全、城市交通拥堵、"四好农村路"等涉及群众利益的难点、热点方面想出金点子、拿出好办法、推出好政策。要加强公用型城市配送节点和社区配送设施建设，将末端配送设施纳入社区统一管理，推进设施共享共用。要科学制定城市物流政策，实行分车型、分时段、分路段通行管控，有效释放货运通行路权，保障城市生产生活的必要需求。加快农产品产地"最先一公里"预冷、保鲜等商品化处理和面向城市消费者"最后一公里"的低温加工配送设施等冷链物流体系建设。鼓励和引导大型农产品流通企业拓展社区服务网点，发展"生鲜电商+冷链宅配""中央厨房+食材冷链配送"等冷链物流新模式，改善消费者体验。升级"快递下乡"工程，加快农村物流快递公共取送点建设，提升乡镇和村级快递网点覆盖率。行业政策制定部门必须俯下身子深入基层开展大调研，倾听人民群众的心声，全面保障生活用品物流配送的及时性、完整性和方便性，使政策更接地气、更贴民心，让人民群众有更多的获得感、幸福感、安全感。

二、满足企业生产和销售便利化需要

要坚持目标导向、问题导向、结果导向，加强物流产业政策体系顶层设计，牢牢把握供给侧结构性改革这条主线，围绕打赢三大攻坚战、服务国家战略和促进经济发展等尽快出台一系列有效的政策，打出物流政策"组合拳"。推动物流高质量发展是降低实体经济特别是制造企业物流成本、增强实体经济活力的必然选择。要统筹推动物流业降本增效提质和制造业转型升级，促进物流业、制造业协同联动和跨界融合，延伸产业链，稳定供应链，提升价值链，为实体经济高质量发展和现代化经济体系建设奠定坚实基础。鼓励邮政、快递企业针对高端电子消费产品、医药品等单位价值较高以及纺织服装、工艺品等个性化较强的产品提供高品质、差异化寄递服务，促进精益制造和定制化生产发展。深入推进通关一体化改革，建立现场查验联动机制，提高口岸物流服务效率，提升通道国际物流便利化水平。构建现代国际物流体系，保障进口货物进得来，出口货物出得去。培育一批具有全球采购、全球配送能力的国际供应链服务商。发展面向集成电路、生物制药、高端电子消费产品、高端精密设备等高附加值制造业的全流程航空物流，促进"买全球""卖全球"。

三、满足经济社会发展安全需要

要紧紧围绕防灾应急安全、社会管理应急安全等经济社会发展安全需求，不断完善应急物流体系建设，不断提升全社会应急处置能力。要加快建设安全稳定、经济高效、绿色低碳的道路货运服务体系。健全交通物流安全生产体系。加强交通物流安全相关法规标准制修订，完善物流运输安全各项制度。建立健全陆运风险分级管控和隐患排查治理双重预防机制，增强陆运安全重大风险防控能力。要加快建立储备充足、反应迅速、抗冲击能力强的社会应急物流体系。研究制定健全应急物流体系的实施方案，建立以企业为主体的应急物流队伍，在发生重大突发事件时确保国民经济产业链平稳运行。支持物流、快递企业和应急物资企业深度合作，研究制定应急保障预案，提高紧急情况下关键原辅料、产成品等调运效率。补齐医疗等应急物资储备设施短板，完善医疗等应急物资储备体系，提高实物储备和产能储备能力。在工业园区等生产制造设施、物流枢纽等物流基础设施规划布局、功能设计中充分考虑产品生产、调运及原辅料供应保障等需要，确保紧急情况下物流通道畅通，增强相关产业链在受到外部冲击时的快速恢复能力。

四、满足物流业自身现代化建设需要

要统筹推进现代流通体系硬件和软件建设，发展流通新技术、新业态、新模式，完善流通领域的制度规范和标准，培育壮大具有国际竞争力的现代物流企业，为构建以国内大循环为主体、国内国际双循环相互促进的新发展格局提供有力支撑。要加大重大智能物流技术研发力度，加强物流核心装备设施研发攻关，推动关键技术装备产业化。开展物流智能装备首台（套）示范应用，推动物流装备向高端化、智能化、自主化、安全化方向发展。研究推广尺寸和类型适宜的内陆集装箱，提高集装箱装载和运送能力。要大力发展数字物流，加强数字物流基础设施建设，推进货、车（船、飞机）、场等物流要素数字化。加强信息化管理系统和云计算、人工智能等信息技术应用，提高物流软件智慧化水平。推动建立国家骨干物流信息网络，畅通物流信息链，加强社会物流活动全程监测预警、实时跟踪查询。要培育形成一批资源整合能力强、运营模式先进的物流运营企业，促进区域内和跨区域物流活动组织化、规模化、网络化运行。发展机械化、智能化立体仓库，加快普及"信息系统+货架、托盘、叉车"的仓库基本技术配置，推动平层仓储设施向立体化网格结构升级。加快绿色物流发展，鼓励企业使用符合标准的低碳环保配送车型。支持集装箱、托盘、笼车、周转箱等单元化装载器具循环共用以及托盘服务运营体系建设。要深化物流领域"放管服"改革。按照"只进一扇门""最多跑一次"原则，简化物流企业开展业务的行政审批手续。健全完善相关物流法规制度和标准规范，研究完善反映物流重点领域、重点环节高质量发展的监测指标体系。

第二节 产业需求

一、农业物流需求

土地资源丰富的新疆为农业发展创造了广阔空间，新疆形成了具有一定规模的粮食产业、棉花产业、特色林果业和畜牧业四大产业体系，形成了相应的大宗农产品和特色农产品流通体系。新疆城乡物流体系的一个重要组成部分是农产品物流体系。

新发展阶段，新疆坚持稳粮、优棉、强果、兴畜、促特色，突出绿色化、优质化、特色化、品牌化，推动农业供给侧结构性改革，健全产销链接、利益联结机制，推动农业由增产导向转向提质导向，加快构建现代农业产业体系、生产体系、经营体系。

粮食生产方面，以保障小麦安全为前提，抓好粮食生产、确保粮食安全。坚持粮食生产"区内平衡、略有结余"方针，深入实施藏粮于地、藏粮于技战略，全面落实永久基本农田保护制度，推进土地规模化、集约化经营，巩固提升粮食生产功能区"建管护"水平，支持产粮大县加强农田基本建设，增加优质粮食供给。新疆力求全区永久基本农田保持在4100万亩以上，粮食综合生产能力达到1600万吨以上。

棉花生产方面，建设新疆优质棉生产基地，推进棉花种植向优势产区集中，优化棉花区域布局和品种结构，实施标准化棉田建设、棉花高效节水推广和机械化采收工程，提高棉花生产管护水平和资源利用效率，提升棉花质量。作为全国棉花的主产区，新疆力求每年保持棉花产量500万吨以上。

林果生产方面，新疆突出绿色化、优质化、特色化、品牌化，推动林果业标准化生产、市场化经营、产加销一体化发展，做优做精红枣、核桃、巴旦木、葡萄、苹果、香梨、杏、新梅、枸杞等品种，支持南疆建设一批林果产品加工物流园和交易市场，增加优质高端特色果品供给。新疆力求全区林果面积稳定在 2200 万亩左右，果品产量保持在 1200 万吨以上。

畜牧业发展方面，新疆持续做大肉牛肉羊产业，加快推进奶业振兴，做优做强家禽产业，推进生猪产业转型升级，因地制宜地发展特色养殖业，构建饲料、种源、扩繁、养殖、屠宰、加工全产业链，推动新疆由畜牧大区向畜牧强区转变。新疆力求保持猪牛羊禽肉产量 180 万吨以上，牛奶产量 200 万吨以上，牛羊猪存栏 5600 万头以上。

其他特色农业发展方面，大力发展加工番茄、加工辣椒、甜瓜、酿酒葡萄、沙棘、万寿菊、中药材、油料、甜菜等特色种植业，把地方土特产和小品种打造成为带动农民增收的"大产业"。加快设施农业优势区建设，支持发展庭院蔬菜种植，提高蔬菜市场供给能力。

二、工矿物流需求

新疆工业的绝对主体部分是大宗矿业物流，其余部分为一些传统工业部门物流。依托丰富的石油、天然气、煤炭等能源和矿产资源，新疆形成了以矿业物流为主体，传统工业物流有效补充的工业物流体系。总体上，新疆的工矿业发展目标是相对明确的，即全面保障国家的能源资源需求，同时稳步构建新疆特色工业资源的产业链体系。由于地理的、发展历史的和市场距离的需求等原因，新疆工业长期保持相对传统的生产体系和以原料能源供应为主体的初级加工业发展体系，未能全面构建依托资源条件的完整的产业链体系。因此，新疆的工业物流需求，在很大程度上也是大宗工矿原料物资的运输需求。

围绕国家战略需求，新疆工矿业总体发展布局为加快建设国家"三基地一通道"建设，不仅满足新疆区域经济社会发展对工矿业的发展需求，而且为国家的能源资源保障做出更多新疆贡献。

一是建设国家大型油气生产加工和储备基地。加大准噶尔、吐哈、塔里木三大盆地油气勘探开发力度，提高新疆在油气资源开发利用转化过程中的参与度。加快中石油玛湖、吉木萨尔、准噶尔盆地南缘以及中石化顺北等大型油气田建设，促进油气增储上产。加强成品油储备，提升油气供应保障能力。

二是建设国家大型煤炭煤电煤化工基地。以准东、吐哈、伊犁、库拜为重点推进新疆大型煤炭基地建设,实施"疆电外送"、"疆煤外运"、现代煤化工等重大工程。依托准东、哈密等大型煤炭基地一体化建设,稳妥推进煤制油气战略基地建设。有序发展现代煤化工产业。实现煤制气与其他化工产品季节性转换的工艺技术突破。实施煤炭分级分质、清洁高效综合利用,推动煤炭从燃料转为原料的高效清洁利用。

三是建设国家新能源基地。建成准东千万千瓦级新能源基地,推进建设哈密北千万千瓦级新能源基地和南疆环塔里木千万千瓦级清洁能源供应保障区,建设新能源平价上网项目示范区。推进风光水储一体化清洁能源发电示范工程,开展智能光伏、风电制氢试点。建成阜康120万千瓦抽水蓄能电站,推进哈密120万千瓦抽水蓄能电站、南疆四地州光伏侧储能等调峰设施建设,促进可再生能源规模稳定增长。

四是建设国家能源资源陆上大通道。提升"疆电外送"能力,建成"疆电外送"第三通道,积极推进"疆电外送"第四通道、新疆若羌—青海花土沟750千伏联网等工程开工建设。围绕油气资源开发和煤制天然气产业发展。

除了工矿业基地和通道建设之外,新疆工业体系还面临传统产业重大技术改造升级的过程,推动化工、纺织、有色金属、钢铁、建材五大传统产业工艺改进、提质增效,促进传统产业高端化、智能化、绿色化。

一是优化发展化学工业。推动石油化工"减油增化"发展,建成塔里木60万吨/年乙烷制乙烯项目,推进库车塔河炼化百万吨乙烯项目,延伸发展高端聚烯烃、高性能合成橡胶、高性能纤维、可降解塑料等新材料、精细化工产业。推动氯碱工业、特色无机盐化工产业高端化发展,打造全国最大氯碱化工基地。

二是大力发展纺织产业。根据国家战略和市场需求,加快纤维制造产业与纺织工业协同发展。优化棉花产业供应链、价值链,提高棉花就地转化率和纺锭规模,打造国家优质棉纱生产基地。加快产业用纺织品发展,高标准发展印染产业,促进产业链向服装等终端产业延伸。

三是积极发展有色工业。推进铝、铜、镍、镁等有色金属下游产业链延伸，培育铜镍、铜铝、铜镁、硅铝、铍铜等合金产业，推动汽车、铁路、航天、航海等行业应用有色新材料，打造全国重要的有色金属产业基地。

四是优化钢铁工业结构。加快钢铁行业优化重组，调整产品结构，积极推进钢材深加工，加快发展汽车、机械、化工装备制造业用钢、板带材产品，推动钢铁行业高端化发展。

五是改造提升建材产业。严禁水泥、平板玻璃行业新增产能。大力实施建材产业绿色化、智能化升级改造，加快推进装配式建筑和建材部品化，以及交通、水利、装备等水泥构件发展，鼓励发展与建筑结构相适应的保温、装饰等功能一体化复合板材和功能型装饰装修材料制品，促进绿色建材产品生产和应用。

三、进出口贸易需求

新疆毗邻8个国家，具有一定的进出口贸易区位优势和边境贸易优势。在21世纪初边境贸易活跃阶段，新疆对外贸易一度快速发展，进出口货物贸易规模进一步扩大，对区域经济的拉动作用明显增强。随着周边国家和地区外贸商户向内地沿海生产基地的采购转移，新疆边境贸易也曾出现规模缩减的趋势。但是，无论如何新疆始终是我国向西开放中的重要贸易通道。中欧班列开行以来，国内商品依托新亚欧大陆桥的规模越来越大，成为我国国际陆路运输的重要补充和新的增长板块，在中国—中亚、中国—欧洲贸易中发挥越来越重要的通道作用。国内沿海地区和中部地区的多种工业品通过新疆的通道和口岸出口到欧洲和中亚地区，还有一部分周边国家和地区的工矿原材料等通过新疆的通道转到国内的加工基地。新疆进出口贸易中，这一块占的比重较大。同时，新疆的一些初级加工产品和特色农产品也出口到周边国家和地区，也有一部分周边国家和地区的原材料和农牧产品出口到新疆进行初级加工或直接消费。无论是通道，还是边境贸易，新疆的进出口贸易发展阶段始终且长期受双方口岸贸易政策等因素的影响而发生规模性变化。

在新发展阶段，自治区党委和政府不断谋划新疆的进出口贸易发展，积极打造各类商贸聚集区和贸易发展平台，为促进外向型经济创造更加有利的发展环境,这些发展举措包括乌鲁木齐国际陆港区建设、喀什和霍尔果斯开发区建设、口岸经济带建设、开放型经济布局和改革等诸多方面。进出口贸易营商环境的改善和平台建设的增强,将进一步激活新疆外经贸发展潜力,拉动进出口货物贸易的发展,扩大国际物流规模和范围,进一步增强新疆外向型物流的稳定性和可持续发展。

一是构建乌鲁木齐国际陆港区现代物流、国际商贸、先进制造、高端服务协同发展的开放型现代产业体系。推进乌鲁木齐中欧班列集结中心建设,加强陆港型国家物流枢纽建设,推动在乌鲁木齐设立保税物流中心(B型)。推进乌鲁木齐国际陆港区和临空经济示范区联动发展,培育开放型龙头企业,发展出口商品加工、进口资源加工等产业。发展航空物流及配套产业,做大做强跨境电子商务产业园区。推动设立大宗商品交易平台,建设面向中亚、西亚、欧洲的货物集散地,形成覆盖全疆、连接欧亚的双向通道网络。

二是进一步改善霍尔果斯经济开发区和喀什经济开发区外向型经济发展环境。完善中哈霍尔果斯国际边境合作中心体制机制,提升合作中心建设水平,推动跨境电商、跨境旅游、免税购物、医疗服务、文化交流等业态发展。积极承接内地和境外产业转移,用好用足对口援疆省市和中央企业的产业优势,加快推进霍尔果斯经济开发区高端装备制造、纺织服装、农副产品深加工、生物医药、新材料等优势产业发展,推动喀什经济开发区商贸物流、电子产品装配、纺织服装、农副产品加工等劳动密集型产业发展,大力发展服务贸易,加快推动进出口商品加工基地建设,构建面向中亚、西亚、南亚和欧洲的特色产业集群,打造辐射带动全区经济高质量发展的重要引擎。

三是优化口岸经济带布局。建设一批特色进出口资源加工区,打造集落地加工、产业集聚、商贸物流、边境旅游、边民互市贸易于一体的口岸经济平台。密切口岸与各类园区、城镇、腹地经济联系,推动"通道经济"向"产业经济""口岸经济"转变。

四是坚持"引进来"与"走出去"并重,促进内需和外需、进口和出口、货物贸易和服务贸易、引进内外资和对外投资协调发展。推进对内开放，用好国内大市场，吸引各类要素向新疆汇聚、产业向新疆转移。优化对外开放空间布局，深度参与"一带一路"国际合作经济走廊建设，构建中心突出、东西贯通、南北辐射、层次分明、错位发展的开放型经济空间布局。深化国际产能合作，加强境外经贸合作园区、边境经济合作区建设，带动商品、技术和装备出口，拓展与丝绸之路沿线国家和地区多层次、多领域务实合作。办好中国—亚欧博览会，大力发展线上线下会展经济。推动设立中国（新疆）自由贸易试验区。

第三节　展望

总体上，新疆的区域物流发展需求是比较稳定的，但是总体规模较小，对区域经济的辐射作用和对丝绸之路经济带建设的支撑作用有限。要全面挖掘新疆的物流产业发展潜力，不断培育和扩大物流产业运行规模，还需要在深层次问题上加大改革和创新力度，突破惯性发展思维，实施一系列关键性发展措施，做大做强优势发展领域，全面增强市场经济体制在物流资源配置中的决定性作用。

一、新疆物流产业可持续发展需要构建完整的内陆制造业体系

新疆是典型的内陆地区，整体区域离沿海地区和中心市场较远，周边邻近地区缺乏高速发展的经济中心。在这种经济地理和资源环境背景下，新疆要参与全国、周边地区和国际市场的产业分工是一个十分复杂的系统工程。对此，最为有效的发展模式是构建适合绿洲经济地理条件的内陆产业链体系，其中制造业发展是最为关键的发展方向和突破口，必须依靠自身的原料条件形成相对完整的下游产业链，这样才有源源不断的商品生产和物流运输需求。新疆要积极探索内陆地区的制造业产业链构建模式，形成符合自身经济地理条件的制造业体系。新疆目前有石油、天然气、煤炭、盐等比较丰富的矿业资源以及具有一定地域生产特色的农牧业发展原料资源条件，同时新疆广阔的地域形成了独特的自然景观和人文社会资

源。首先要依托这些资源要素构建相应的产业集群，其次构建相对完善的产业链体系，最后要逐步培育这些特色产业的市场竞争力。这是新疆构建内陆产业链体系的一个逻辑和路径。否则，新疆区域经济自始至终都只是一个提供一部分工矿和农牧原料的基地以及中欧交通经济走廊沿线的一个地区而已，难以跨越工业化的发展阶段。这种产业结构长远上制约着新疆物流产业的可持续发展。

二、国际物流是新疆物流体系建设的重要方向

基于新疆的区位条件来讲，新疆与8个国家接壤，边境线长达5600公里，是我国向西开放的桥头堡。我国提出的"一带一路"倡议中，曾列出6个经济走廊的建设，其中新亚欧大陆桥经济走廊、中国—中亚—西亚经济走廊、中巴经济走廊、中蒙俄经济走廊，四大经济走廊建设与新疆区域发展直接相关，同时，新疆被确定为丝绸之路经济带的核心区。新疆又处在亚欧大陆中心地带，东边是发达的国内市场，西边是发达的欧盟市场，北边有体量大的欧亚经济联盟，西南边有正在快速成长的印度大市场。基于这种综合性区位条件，新疆是发展国际物流的天然区域之一，发展国际物流枢纽具有得天独厚的区位条件和广阔的地域条件。我国的基础设施建设水平和能力处在全球前列，技术条件、工程装备条件、项目经验和人力资源条件都十分成熟。而且新疆广阔的地域条件为建设大规模的国际化基础设施提供了十分便利的土地资源。所有上述地理的、经济的、技术的和工程的条件都表明，新疆完全有条件成为亚欧国际物流的枢纽区域。从物流产业培育的视角来看，新疆本身工业化发展水平和制造业能力有限，大部分工矿产品流向国内中东部地区，但也有大量的国内工业品需要通过新疆流向欧盟市场和中亚西亚市场。针对这种物流产业分工，新疆只能充分发挥自身的区位优势，做大做强国际物流，充分挖掘国际物流的潜力，为我国工业品出口和原材料进口发挥重要的区域支撑作用。

三、公路运输是与新疆区域经济关系最为密切的交通物流方式

新疆2021年的货运量规模中，铁路、公路和航空物流的规模分别为

1.86亿吨、6.82亿吨和17.78万吨，三种货物运输方式占全疆货运量的比重分别为21.38%、78.59%、0.03%。从1.86亿吨铁路货运的情况看，约1.5亿吨是煤炭物流，其余为新疆其他能源、棉花等大宗产品物流。而这些工矿原料产品在疆内的下游产业链构建不完整，大部分原材料供应内地用作加工原料。通过新疆货运量的这种结构可以看出，公路物流与新疆城乡经济发展的关系是十分密切的，是新疆物流产业发展政策着力思考建设的重要交通物流体系。公路物流为新疆无数个产业园区、矿区、开发区、城市、县城和农村的有效运行提供便利化的网络支撑。可以说公路路网的建设对新疆的区域经济社会发展产生了十分直接的促进作用。公路运输整体上包括疆内区域间、城乡之间所有商品、原料的物流运输，一部分工矿产品产地至场站间的物流运输和一部分外经贸产品的转口物流运输等。依托密集的公路网络，商贸商品和原料在不同节点之间流动，对大量新疆中小企业的生产和广大农牧区的生产发挥了重要的保障作用，为满足辖区所有居民生活消费需求发挥了重要的流通保障作用。此外，在区内外铁路物流遇到瓶颈时，公路物流将发挥十分重要的疏散作用。例如，新疆有15个公路口岸，在新疆外向型物流体系发展中也发挥着重要的国际物流支撑作用。因此，要大力完善新疆的公路网络，全面提高重要产业聚集区之间的公路等级，全面挖掘公路物流发展潜力，提供更高效率的公路物流运输保障，为促进新疆区域经济社会跨越式发展发挥更加重要的支撑作用。

四、新疆区域物流既要满足地区社会发展需求，又要满足国家向西开放战略需求

从物流体系建设和支撑的功能看，新疆区域物流体系的建设既要满足新疆区域经济跨越式发展的需要，又要全面满足国家向西开放和"一带一路"倡议的战略需求。因此，新疆区域物流体系的规划建设必须是超前性的和高层次的。中国和欧洲两大市场之间的互动是一个长远的和可持续的发展过程，因而新疆的区域物流体系建设必须站在整个亚欧经济贸易联系的高度谋划思考和构建。同时，新疆不能仅成为一个通道，还必须要发展新疆的区域经济，培育新疆的产业体系，尤其是矿产品和农牧产品的下游加工制造业体

系。这样才能有充分的财力、人力资源保障交通通道的可持续维护和高效运行。改善新疆区域欠发达状况是国内梯度发展战略和西部大开发战略的重要组成部分，也是我国向西商业贸易和物资交流的重要缓冲地带，具有不可替代的区域平台功能。因此，中欧大通道建设的同时，新疆段的各类通道还要有效延伸到新疆经济的所有腹地，不断提高新疆通道网络的连接水平和多式联运水平。中欧通道在建设阶段，就要考虑既要拉动我国外向型经济的发展，又要拉动新疆区域经济的同步发展。反过来，新疆区域物流体系的建设既要满足区域经济社会的有序高效运行，又要为国家向西开发战略发挥重要的前沿阵地作用，相关规划建设既要考虑地区经济的发展需求，又要考虑国家向西开放的战略需求。在规划建设的起始阶段，一定要充分考虑这种综合发展需求，新疆的综合物流体系建设要为国家的能源安全、稀缺物资保障、初级产品保障等诸多层面，发挥更加重要的支撑作用，为国家经济社会可持续发展做出更多区域贡献。

五、只有构建具有国际物流运作能力的企业群体，才能有效运营国际物流

新疆运营国际物流的重要板块是面向欧洲和西亚的多元化物流体系，包括铁路物流、公路物流和航空物流等。未来中国和欧盟的经济合作交流的潜力是较大的，与西亚、中亚、南亚的合作潜力也是很大的。西亚、中亚、南亚等地区是区域经济发展处在工业化阶段的一些后发区域，需要较长时间的工业化发展进程，蕴藏着大量的投资、贸易和市场机会。通过"一带一路"倡议，构建较重要的亚欧通道体系，将这些向西的区域与中国连接起来，发挥两头的经济贸易互动增长极作用。而其中重大通道体系和互联互通体系的建设过程也是贸易通道、市场通道、经济合作通道建设的过程。依托综合交通运输设施的国际物流活动需要强有力的国际物流企业来带动和运营。要经营和运营好亚欧的物流大通道，必须组建具有较强国际物流经营能力的龙头企业，如大型的铁路物流企业等。对此，长远来讲，我国可依托新疆建设重要的国际物流企业总部，统筹运营新疆的重大物流基础设施和向西区域开展各类物流活动。对此，需要国家层面给予高度

重视，布局好新疆的大型国际物流企业，在新疆打造重大国际物流运营平台和组织，高效统筹亚欧通道沿线的国际物流活动。

六、只有加大体制改革力度，才能全面加快新疆物流产业超常发展

要真正发挥新疆的区域物流功能，全面强化新疆的物流产业对特色产业集群的支撑，加快区域经济社会跨越式发展，就必须对新疆的物流产业管理体制做出大胆的设计和创新，将新疆打造成我国西部地区重要的现代物流创新基地和示范基地。要统筹管理区域物流活动，必须突破现有的物流管理体制机制，构建创新性的物流产业管理体制，统筹好区域内的所有物流产业发展资源，全面增强物流产业对新疆经济社会跨越式发展的支撑功能和国家向西开放战略的支撑功能。从全国到地方物流产业管理体制是分散的，被分布到多元化的经济管理部门，导致多种物流运输方式之间、物流产业领域之间缺乏应有的建设效率、连接效率和闭合运行效率，导致不能全面发挥物流产业的重大支撑功能和全面降低流通成本。物流产业网络化水平越高、多式联运效率越高，对社会经济的服务能力就越强，甚至倒逼经济社会跨越式发展。良好的综合物流体系是区域营商环境的重大指标之一，展现着区域的投资引入竞争力和各类产业竞相蓬勃发展活力。营商环境较好的地区，就是大量大、中、小企业的市场天堂。大量大、中、小企业并存的地区是现代市场经济条件下，最具市场竞争力和区域竞争力的区域。其中，物流产业的服务能力是营商环境最为重要的支撑要素之一，它标志着快速的商品流动、资金流动，最终也意味着人才和技术的快速流动。因此，物流的畅通性与区域的市场环境和发展能力具有十分密切的深层次关系。要做到高效畅通的物流体系，必须对物流管理体制做出相对果断的改革举措，整合所有的物流环境力量，从规划、设计、运营到完整产业链的构建，实行一元化的管理体制，全面重组社会物流体系和经济社会发展体系，最终实现区域经济社会高效发展。

第八章

新疆区域物流业发展面临的形势

新疆区域物流的发展规模和层次，很大程度上要看国家对新疆的发展定位和产业布局的部署。按照第三次中央新疆工作座谈会的部署，"要发挥新疆区位优势，以推进丝绸之路经济带核心区建设为驱动，把新疆自身的区域性开发战略纳入国家向西开放的总体布局中，丰富对外开放载体，提升对外开放层次，创新开放型经济体制，打造内陆开放和演变开放的高地"。

丝绸之路经济带核心区建设是对新疆区域物流发展的重大驱动。核心区要为整个丝绸之路经济带的建设提供重要的商贸物流枢纽支撑。这是对新疆区域发展的重大定位，新疆务必高度重视和抓紧抓好这种重大宏观定位。实际上，新疆可依托核心区定位，探索创建丝绸之路经济带的重大区域创新发展示范区，这种示范区建设，其价值在一定程度上理应相当于或者高于自由贸易区的建设。

新疆的区域性开放战略实际上是国家开放战略的一个组成部分，是向西开放战略的重要组成部分。由于省级区域的发展水平，新疆国际经贸活动开展，还是要依托国家的总体经济贸易开展背景和需求。一方面，新疆自身产业体系的不完整性，导致外向型制造业的发展规模有限；另一方面，新疆区域经济对周边国家和地区的影响力也是相对有限的。新疆要大力发展外向型经济，很大程度上还是要依靠国家的外经贸体系建设和国际经济合作体系建设，自身尚未具备较强的外向型经济发展能力。实际上，新疆外向型经济的发展空白，另一层面也反映着发展潜力和前景。

创新开放型经济体制是新疆区域发展能够有效探索的重要方向。基于独特的区位条件，新疆完全有开放型经济重大创新的条件。越是新疆这样的欠发达地区，越要从发展体制机制层面着手，下大功夫，进行大刀阔斧的改革和创新。当然，这种改革创新不应是盲目的，要准确判断区域自身的发展能力以及做到改革创新队伍的充分思想动员和行动动员，同时，改革创新的方向要符合市场经济的发展规律，要不然就会变成号召性的创新发展，不能充分发挥体制机制改革创新的市场效益和区域效益。对此，新疆地方党委和政府需要高度重视，在国家外经贸经济体制和体系框架下，大胆创建开放型经济体制和经济体系。在经济体制层面创新，需要进行相对深刻的经济管理体制改革，打破一切不利于市场发挥资源配置决定性作用的制约因素，消除一切制约经济活动自发运行的障碍。

新疆的内陆开放应该是双向的，一个是内地开放方向，另一个是中亚、欧洲开放方向。首先，新疆要做到内地方向的全面市场融入发展和产业融入发展，要赶上国家整体的外向型经济均衡发展水平。这就需要构建相应的外经贸体制、市场体制和产业体制。新疆要有效实现与国内重要区域供应链中心的有效链接和区域互动发展。这样才能弥补内陆区域的市场距离劣势。其次，加大内陆向西开放力度。新疆内陆向西开放，还是要依靠巨大的中亚、欧盟市场的助推作用，要发挥好中转地带和商贸经济通道作用。无论是国内方向开放还是国际方向开放，都首先要做到市场融合、产业融合和基础设施融合，不断激发新疆区域的能源资源潜力，不断提高全国统一市场的融合水平，有效做到国内产业链和国际产业链环节中的新疆定位和分工。因此，要在统一市场融合层面加大工作力度。

第一节 国内"大循环"、国内国际"双循环"发展形势

"大循环""双循环"新发展格局是党中央根据我国新发展阶段、环境、条件变化，审时度势做出的重大决策。这个决策一方面充分考虑了我国新发展阶段面临的国内、国际经济社会发展环境，另一方面依托我国的发展基础反映了综合战略竞争力的构建方向。其中一个十分重要的因素是不断挖掘国内区域经济和产业经济的发展潜力，进一步做大做强国内市场体系，进一步重塑各类产业发展的供应链体系和价值链体系。新发展格局

是一个系统工程，针对国际经济社会背景，重塑国内以自我循环为主体的发展体系是一个比较复杂的过程，对各省（区、市）的产业地位、产业分工、供应链参与提出一些新的发展要求。以自我循环为主体的发展体系，要全面摸排国内的各类资源体系和生产力体系，还要全面谋划各类制造业产品的市场销售等关键问题。对此，一开始就做到无缝连接也是比较困难的。还好国内市场属于超大规模市场，将自我循环的经济体系构建变得更加可行、可靠。构建新发展格局中的一些工作着力点包括初级产品生产体系的完整性和保障性、国际供应链的安全性、各类商品市场的畅通性等。其中，一方面要加强初级产品的全面保障；另一方面还要在科技等领域补齐短板，逐渐减少对国际市场的过度依赖。对国际市场适当依赖是必要的，也是经济全球化的要求，但是过度依赖会使得国家在国际经贸活动中处于被动状态。

在这个过程中，基于国内产业融合发展和市场一体化发展的基础设施体系的进一步完善将发挥十分重要的基础支撑作用。对于处于"一带一路"重要贸易通道和能源通道的新疆区域而言，骨干基础设施网络的完善将迎来十分难得的历史性发展机遇。这既是国内循环的需要，也是新疆区域发展的需要。同时，国内制造业、能源产业等产业链、供应链体系的完善，将进一步加快新疆能源等产业体系的完善，全面调整能源产业结构，全面重塑能源产业链体系，全面拉动新疆区域经济可持续增长。基础设施改善和提升不仅进一步拉近新疆与国内中心市场的距离，还将对新疆能源等基础性产业体系的结构性完善产生十分深远的影响。依托我国"大循环""双循环"新发展格局的构建，新疆更加有效地融入国内和"一带一路"经济发展体系，全面升华流通经济发展层次，全面开拓特色产品的消费市场，进一步加快培育完整的内需体系和生产力体系。

科学统筹国内国际"两个大局"要求强化现代物流战略支撑作用和引领发展能力。从国际看，当今世界正经历百年未有之大变局，国际环境日趋复杂，全球产业链、供应链加速重构。从国内看，我国已转向高质量发展阶段，正在形成以国内"大循环"为主体、国内国际"双循环"相互促进的新发展格局。无论是国内主体循环，还是国际辅助循环，都需要相对完整有效的物流供应链体系的构建。这里的物流供应链体系由综合交通基础设施体系、企业服务体系等重要板块组成。这个体系的构建需要超前谋划和推动，平时要特别注意多元化供应链体系的构建和培育。当国家层面需要这种供应链体系时，可以有效地加以利用。对于处于我国向西开放桥头堡的新疆，它要承载这个宏观物流供应链体系中的相关职能和功能。这要求新疆精准对接宏观经济形势变化需求，聚焦构建现代物流体系，充分利用好两种资源、两个市场，优化现代物流发展空间布局，加强区域物流一体化发展，提升联通"双循环"组织枢纽地位，构建以物流运行为先导的区域协调发展空间格局，有效推动参与共建"一带一路"和贸易强国建设。

第二节　丝绸之路经济带核心区建设形势

近年来，丝绸之路经济带建设的发展背景和一些重大项目的落地实施，为新疆流通体系的建设和升级提供了强大的动力，产生了十分深远的影响。首先，新疆形成了较为完善的核心区建设工作体制机制。从自治区相关部门到各地州、县市都成立了相应的工作推动领导小组和办公室。这些机制拥有稳定的工作目标和任务，着力推进核心区建设的诸多项目。随着核心区建设的深入，近年来自治区推动实施了一大批标志性工程项目，如京新高速公路建设、连霍高速公路西延工程、库尔勒—格尔木铁路等。其次，形成了从上到下的多层次规划体系。依托国家的相关宏观规划和行动计划，自治区相关部门和各地（州、市）结合自身实际，都形成了针对性较强的规划体系，其中众多流通体系项目成为核心区建设储备项目。各地州、县市都对丝绸之路经济带核心区建设寄予厚望，都希望共享核心区建设的发展机遇。最后，形成了一批多元化的政策体系，进一步支撑核心区建设的有力推进，这些政策包括招商引资优惠、产业扶持、土地、资源、资金、人才等众多方面政策。总之，近年来，在中央政策指导下和地方政府的努力下，丝绸之路经济带核心区建设轮廓全面呈现，进入快速发展轨道。与176个国家和地区建立了经贸关系,同25个国家和国际组织签署了21项合作协议。如今,新疆形成了"一港、两区、五大中心、口岸经济带"的发展布局①,对外通道、人民币跨境业务、人文交流等方面取得了不错的成绩,丝绸之路经济带核心区建设取得新成效。②

丝绸之路经济带核心区建设是新疆融入国内大市场和向西开放国际大市场的重要平台和渠道。一方面,国家层面稳步推进共建"一带一路"倡议,力求取得实质性进展;另一方面,新疆需要搭上丝绸之路经济带的快车,不断提高自身互联互通水平和贸易发展能力。"一带一路"国内段的一些基础设施项目,很大程度上充分考虑了国际贸易的发展需求和潜力。因此,对于新疆而言,作为重要的经济走廊通道,其重大基础设施项目在起点层面就获得了国家的大力支持,建设水平也体现了丝绸之路经济带的长远发展需求。对于新疆而言,迫不及待地期望共建"一带一路"倡议能够有效实施,能够在中国—中亚—西亚、中国—欧盟、中巴经济走廊等建设中取得重要进展。总体来讲,能够被列为丝绸之路经济带核心区进一步增强了新疆各级党政领导和各级行政区域的发展信心,产生了重要的鼓舞导向和发展动力。新疆各族干部群众依然将丝绸之路经济带核心区建设视作重大发展机遇和动力,努力谋划各地区、各部门工作,力求新疆区域发展取得进步,期望新疆能够真正成为丝绸之路经济带的交通枢纽中心、商贸物流中心、产业创新中心、要素聚集中心和科技文化交流中心等。

2021年6月,国务委员兼外长王毅主持"一带一路"亚太区域国际合作高级别视频会议时强调,要继续加强互联互通合作,进一步对接各方基础设施发展规划,合作建设交通基础设施、经济走廊、经贸产业合作区。加快建设数字丝绸之路,构建面向未来的智能化互联互通新格局。随着国家"一带一路"倡议的深化,新疆将获得更加有力的项目支持、资金支持和政策支持,尤其在对外经济贸易通道建设等层面将取得良好的实质性进

---

① "一港"是指乌鲁木齐国际陆路港,"两区"是指霍尔果斯经济开发区、喀什经济开发区,"五大中心"是指在新疆向西的陆路通道上,建设交通枢纽中心、商贸物流中心、文化科教中心和区域金融中心,以及覆盖中亚的医疗服务中心。

② 新疆推动丝绸之路经济带核心区建设纪实[N]. 新疆日报,2021-06-09.

展。共建"一带一路"是一个长远的发展过程，是一个稳步发展的进程，是中国向世界提供的公共产品，已成为规模最大的国际合作平台。新发展阶段，中国政府持续积极致力于推进共建"一带一路"倡议，得到越来越多寻求发展的国际合作伙伴的支持和认可。作为一个新兴的国际合作模式和全球发展模式之一，"一带一路"倡议在落地过程中也面临着众多制约因素和地区困境，但经济全球化是世界经济的一个重要方向和趋势，"一带一路"倡议符合这种趋势和发展模式，展示着重大发展前景。只要"一带一路"倡议有效推进，将始终为新疆经济社会发展注入重要的发展动力，不断提升区域经济发展水平，不断提高新疆市场一体化发展水平和融合发展能力。其中，交通、物流等领域是新疆实现国内、国际融合发展的重要载体和平台，必将获得较好的提升和转型。

第三节　新疆区域经济高质量发展形势

贯彻新时代党的治疆方略和推动经济高质量发展要求，提升现代物流基础支撑和价值创造能力。第三次中央新疆工作座谈会要求完整准确地贯彻新时代党的治疆方略，并指出"发展是新疆长治久安的重要基础"。这要求新疆统筹安全与发展，聚焦现代物流与新疆第一、第二、第三产业融合发展需求，提升现代物流对制造、商贸、农业等产业的基础支撑与价值创造能力，以物流支撑供应链、供应链服务产业链、产业链提升价值链的"三链融合"为突破方向，提升经济产业高质量发展的活力和竞争力。

对于相对欠发达的内陆地区——新疆而言，追求高质量发展，首先要全面落实好党中央对新疆区位发展的基本定位要求和功能要求，这是新疆追求高质量发展的重要途径。只要符合国家的发展要求和战略需求，新疆便能够有效探索自身在整个国家经济板块中的地位和作用，以及选择既满足国家需求又推动区域经济发展的路径。此外，新疆的高质量发展要全面体现新疆区域特色产业的发展需求。对于地理位置属于内陆地区的新疆而言，必须而且要真正依靠构建自身的特色产业发展体系，才能有效参与国内市场和国际市场的分工和竞争。所谓特色产业体系都是依靠一定规模的矿产、农牧原料、人文资源等条件所形成的产业体系和生产部门。新疆在这些特色经济资源方面有一定的发展基础，但是特色资源的整体产业化发展水平较低，未能构建完整的产业链体系。因此，依托本地特色资源的产业链体系构建是新疆区域经济发展的重要方向。除了具备地域特色的产品生产能力之外，新疆还要构建畅通便利的商贸流通体系，以保障特色产品资源的有效流动和市场价值创造，因此还要依托多层次企业群体体系建设。企业群体体系建设的一个重要方向是大力发展中小企业。大部分中小企业都具有民营经济特征，这些企业虽然分散，但是市场应变能力和洞察能力较强，可以全面分散社会经济的风险。对此，要大力发展中小企业，要提供便利有效的营商环境和发展环境。只有依托国家的需求、特色资源产业化开发体系的构建和大量中小企业群体的培育，新疆才能在区域高质量发展层面开辟探索一个适合自身的发展模式。

近年来，党中央强力实施的防治环境污染、防范金融风险和脱贫攻坚三大攻坚战在新疆得到有效落实，为新疆区域经济与全国同步实现高质量发展打下了重要基础。党中央全面统筹下开展的全国19个省（市）、中央和国家机关、中央企业对口支援新疆的工作模式为新疆区域经济高质量发展提供了强有力的支撑。近年来开展的脱贫攻坚战更加全面地反映和体现了新疆区域经济以人民为中心的高质量发展要求。同时，新疆区域经济与国内经济体系的一体化融合发展、制造业体系的转型升级、战略性新兴产业体系（如生物科技、新能源、新材料、人工智能、物联网、大数据、应急安全体系等）的有效构建、农业农村的现代化建设、服务业数字经济水平的提升、人才培养与引进等体制机制的创新等高质量发展要求对新疆的经济社会发展提出更高的工作要求。新疆区域经济高质量发展是一个漫长的稳步推进的过程，不仅要缩小区域发展差距，还要按高质量发展的系统要求推进区域发展。在整个过程中，整体高质量发展体系的构建对现代流通体系建设提出更加广泛和深入的基础性支撑要求。在所有高质量发展环节的运行中，流通体系建设将发挥至关重要的牵引、推进等作用。综合来说，新疆区域经济高质量发展的机遇，一定意义上也是现代物流业有效发展的重要机遇。

第四节　流通产业现代化发展形势

　　流通体系的现代化从宏观层面上涉及硬件环境的现代化和软件环境的现代化。流通体系现代化过程除了有效依赖政府部门的指导和支持外，更重要的是要依托市场在资源配置中的基础性作用。近年来，中央层面高度重视流通产业在国民经济中的基础性作用，国家发展改革委于2022年1月发布了《"十四五"现代流通体系建设规划》①，特别强调了现代物流体系建设和物流业高质量发展的重大意义，提出了围绕交通运输、物流金融、商业信用三个方面的现代流通体系支撑框架。②

　　从实践层面上看，流通产业的现代化发展要求涉及政府部门的高效率宏观调控机制的构建、流通基础设施的不断现代化、流通企业群体的有效运作、流通产业服务运营效率的不断提高等诸多环节。宏观层面，这些工作要求对新疆相关产业管理部门和市场主体群体等提出管理层面、基础设施层面、产业服务效率等层面的不断改革创新发展要求。同时，越来越多的具有规模经营特征的流通企业加大了管理、技术等层面的投入力度和生产力体系改造力度，提高了信息化发展水平和数字流通发展水平。这些变化对新疆的流通产业主体也提出了产业优化升级和现代化的发展要求。

　　信息化发展进程为物流产业的转型升级提供了技术支撑和效率支撑。电商的崛起就是信息化推动的重大发展过程，也可以说是社会消费革命的重要标志之一。对应电商的发展，构建配套的物流配送体系是电商产业链实现的重要保障和归宿。没有物流配送体系的保障，电商不宜全面实现其基本运行进程。而物流配送体系信息化水平的提高为社会物流管理创造了

---

　　① 《"十四五"现代流通体系建设规划》共9章27节，围绕深化现代流通市场化改革、完善现代商贸流通体系、加快发展现代物流体系、增强交通运输流通承载能力、加强现代金融服务流通功能、推进流通领域信用体系建设六大领域，提出18个方面、50项任务举措，以及5个专栏和19个具体工程。

　　② 刘保林. 国家发展改革委举行新闻发布会介绍"十四五"现代流通体系建设规划有关情况［N］. 中国产经，2022-02-23.

无限的提升机遇和改造可能性，所有物流网环节通过信息化技术和手段实现无缝连接，快速高效保障了产品从产地到消费者手中的高效管理和服务。信息化革命对物流产业领域的革新过程还在延续，物流网时代正在来临。

实施扩大内需战略和保障改善民生要求、完善内需导向的物流服务体系。消费已成为经济增长的第一驱动力，国内居民消费结构向发展型和品质型升级，超大规模的市场优势和内需潜力逐步显现。这要求新疆抢抓国内强大市场建设和产业布局向西倾斜的双重机遇，聚焦物流通道建设和设施补短板需求，全面融入国内"大循环"，加快与全国主要消费区域的通道连接，推进中转集散功能设施建设，健全疆内城乡物流配送体系，提升物流供给与国内需求的适配性，不断满足人民日益增长的美好生活需要。

新一轮科技革命和碳达峰、碳中和要求现代物流加强科技赋能推动绿色发展。在碳达峰、碳中和目标背景下，迫切需要在物流领域优化用能结构，加快向低碳转型发展。大数据、云计算、人工智能、物联网等现代信息技术快速发展和推广应用，为现代物流组织变革、发展模式创新注入了新的活力。这要求新疆加快推进现代物流数字化、网络化、智慧化赋能，聚焦新疆现代物流高质量发展需求，通过绿色物流理念和技术改造传统的物流运作模式，构建智能高效、低碳绿色的现代物流体系。

技术革命和产业变革为现代物流业数字化转型提供新引擎。新一轮科技革命和产业变革正在重构全球创新版图，5G、大数据、物联网、人工智能等新一代信息技术与现代物流业深度融合，为传统物流活动向数字化、智能化方向转型提供新引擎。"十四五"期间，要加快发展创新赋能的智慧物流服务体系，推动传统物流全流程全要素数字化转型升级，推广运用物流新技术、新业态、新模式，实现物流资源配置优化和高效协同，促进物流降本提质增效。流通领域现代化的这些趋势对新疆的区域物流发展也将产生深刻的行业转型和长远技术影响。

第九章

新疆区域物流发展的定位、
目标与路径

区域物流发展的定位要依托该区域的区位条件、基础设施条件、产业竞争力条件和市场距离等综合因素确定,其中包括区域定位和产业定位。区域定位反映该区域在更宏观、更广泛区域中的功能,如枢纽功能、节点功能、中心功能等;产业定位包括该区域参与更加宏观区域范围内的产业分工以及该产业在经济社会发展中的基本功能等诸多方面。

区域物流发展的目标包括总体目标和阶段性目标等,包括对物流产业发展规模、区域物流基础设施建设、物流企业群体培育、社会物流服务能力、物流产业转型升级等层面的综合类发展目标和建设目标等。

区域物流发展选择的路径是按照区域发展的定位,为实现区域物流发展目标而采取的综合类策略以及行动的过程,它依据一定的方法、程序和原则,对与物流系统相关的因素进行优化组合,从而更好地实现物流系统发展的目标。

新疆在共建"一带一路"行动方案中,被定位为丝绸之路经济带核心区,这是从国家层面对新疆区域的重大定位。新疆要围绕国家重大定位,结合自身区域物流发展条件,积极探索现代物流业跨越式发展模式,为整个丝绸之路经济带建设和新疆区域经济社会可持续发展提供重要的区域支撑。近年来,自治区的一些重大商贸物流中心规划和现代物流业五年规划,对新疆的区域物流进行了较为全面的定位和目标设置,基本符合新疆经济地理发展条件和产业发展条件。

第一节 新疆区域物流发展的基本定位

基于经济高质量发展的形势要求和新疆打造丝绸之路经济带核心区的长

远目标，以及物流业对于外向型产业集聚和区域辐射能级提升的重要作用，应把物流业作为新疆的战略性支柱产业，依此打造丝绸之路经济带核心区国际物流中心、承东启西的国际物流枢纽、产业集聚创新的产业基地、区域性产业组织服务平台、自治区战略性支撑产业、改善民生的基础服务载体。

丝绸之路经济带核心区国际物流中心。打造丝绸之路经济带核心区，发挥地缘优势，依托国际物流条件实现外向型产业的集聚发展，建设服务于全国西向开放的国际物流枢纽。通过经新疆和新疆始发的中欧班列常态化、规模化运行及中欧班列集结组织中心的建立，为外向型产业在新疆的集聚发展创造基础条件和环境要素，形成基于物流园区、货运站（场）、机场等的物流设施体系，通过运营手段创新将物流设施实现有机整合，并依托不断改善的物流条件，通过产业集聚形成具有供应链管理关系的完整外向型产业体系，打造丝绸之路经济带核心区国际物流中心。

承东启西的国际物流枢纽。高效承载丝绸之路经济带向西开放国家战略使命，充分发挥新疆作为丝绸之路经济带与中亚、西亚、南亚、欧洲区域经济合作板块交通枢纽地位和能源资源战略大通道的保障作用，依托综合交通枢纽和产业集聚区，建设国际物流中转集散中心和服务组织基地，有效发挥联通国际的交通枢纽地位和战略通道优势；充分利用国内商品、服务、资本、产业"走出去"和国外能源、资源、商品、企业"引进来"的战略机遇，依托新疆商贸优势资源，引进提升服务业态，建设境内外展示交易平台、能源资源及大宗商品采购中心，形成内外贸联动、商品贸易和服务贸易并举的大流通格局，打造丝绸之路经济带承东启西的国际物流枢纽。

产业集聚创新的产业基地。充分发挥商贸物流对于加工制造等相关产业的基础支撑和引领作用，构建低成本、高效率的产业服务体系，促进新疆产业提升发展，吸引外向型产业与国际合作产业在新疆集聚发展，并通过商贸物流的先导组织功能，实现产业组织模式的创新发展，构建供应链服务体系和创新型商业模式，打造产业创新组织基地。

区域性产业组织服务平台。通过加快物流业发展，构建以物流业为先导的产业服务体系，营造产业集聚发展环境，打造承接国际、国内产业转移的组织服务平台，实现以外向型产业为主的产业集聚发展。同时，也通过供应链服务体系的构建，提高本地优势产业的发展水平和辐射能级，并发挥物流对于产业的反向组织功能，对接国内新型制造体系，实现大规模分布式生产的组织协同，打造区域产业组织服务平台。

自治区战略性支撑产业。物流业是国民经济的基础性、战略性产业，对于新疆又有特殊的意义，不仅对丝绸之路经济带核心区建设，尤其是对打造核心区商贸物流中心形成核心支撑，而且通过物流业创新发展及产业服务体系构建，可以创新产业发展组织模式，联动相关产业融合发展，实现外向型产业的集聚，物流业本身也通过与其他产业的联动发展，实现产业规模扩张和辐射能级提升，是新疆重要的战略性支撑产业。

改善民生的基础服务载体。发挥物流业连接区域、沟通城乡的服务作用，充分发挥商贸物流产业服务民生、扩大就业的功能优势，加大全疆商贸服务体系和城乡物流配送网络建设，加快推进商贸物流运营组织和商业模式创新，营造"大众创业、万众创新"的良好氛围，提高收入水平，提升生活消费便利化程度，改善城乡居民生活水平，形成城乡一体、服务均等、生活便利的民生服务保障载体。[1] 使商贸物流中心成为改善民生、维护稳定的基础服务载体。[2]

第二节 新疆区域物流发展的基本目标

到 2025 年，"通道+枢纽+网络"现代物流运行体系基本建立。丝绸之路经济带北、中、南通道进一步畅通，南北疆物流循环通道运行效率显著提升，境内外物流节点建设取得积极进展，关键节点"瓶颈"基本消除。南北疆物流设施网络更加均衡，都市圈内部物流配送实现 1 小时送达，农村快递物流服务基本实现全覆盖。现代物流服务效率和质量明显提升，运输结构进一步优化。物流专业化服务能力巩固提高。基本建立支撑新时期产业高质量发展的物流供应链服务体系。基本建成平急结合、区域协同、高效响应的应急物流体系。冷藏保鲜率和冷藏运输率明显提升。全疆快递

---

[1] 国家发展和改革委员会综合运输研究所. 新疆维吾尔自治区物流业"十三五"发展规划 [Z]. 2016-05.

[2] 新疆维吾尔自治区发展和改革委员会, 新疆维吾尔自治区商务厅. 丝绸之路经济带核心区商贸物流中心建设规划（2016—2030 年）[Z].

新疆区域物流发展概述

业务量突破 2 亿件，快递、邮政业务收入超 85 亿元。核心区国际物流影响力显著增强。新疆国际陆港体系基本建立，中欧班列运输线路达到 30 条以上，辐射服务 40 个以上沿线中心城市，年运行超过 1300 列；国际航线达到 35 条，全货机通航点 15 个以上；通关一体化能力不断增强，跨境物流组织分拨能力显著提升。现代物流政策体系进一步完善，区域综合协调体制机制进一步确立。现代物流发展要素保障能力大幅提升，政策支持更加精准高效，智慧监管水平显著提高，营商环境持续改善。现代物流业在全区经济发展中的支撑地位初步确立。[①]

到 2030 年，基本形成内外畅通、经济便捷、智慧高效、融合联动、绿色安全的现代物流体系，基本实现物流设施网络化和物流组织规模化，物流服务效率和国际、国内影响力显著提升，建设现代产业体系和构建新发展格局支撑能力全面增强，为自治区经济社会高质量发展和满足人民群众美好生活需要提供全面保障。布局建设 5 个以上国家物流枢纽、2 个以上国家骨干冷链物流基地，建设完善 15 个区域物流枢纽、10 个左右区域冷链物流基地或产销集配中心。培育一批具有较强竞争力的骨干物流企业，国家 3A 级以上物流企业达到 70 家，物流骨干企业品牌效应更加凸显。物流创新引领能力进一步释放。甩挂运输、多式联运等先进运输组织方式及集约化配送模式有效推广。绿色物流、逆向物流体系建设稳步推进，新能源货车广泛应用，资源集约利用和节能减排取得显著成效。现代信息技术和智能物流装备加快应用，完成 5 个以上物流枢纽、物流园区信息化、智能化升级。枢纽经济通道经济发展取得显著成效，建设 1 个国家级、2 个自治区级物流枢纽经济示范区。物流监测和统计体系基本建立，物流标准化体系和诚信体系更加完善。[②]

到 2035 年，现代物流与经济社会深度融合发展，基础性、战略性和先导性作用充分发挥，内陆型和沿边型枢纽经济发展范式基本形成，面向"一带一路"物流要素和产业要素聚集辐射能力大幅提升，新疆作为丝绸之路经济带核心区的国际物流组织的供应链服务作用与功能充分显现。

---

①② 新疆维吾尔自治区人民政府. 新疆维吾尔自治区现代物流业发展"十四五"规划［Z］. 2022-04-27.

"四横四纵"物流大通道畅通完善，系统成网、协同高效的"通道+枢纽+网络"物流运行体系全面形成。物流服务质量与运营效率迭代升级，物流系统性降本成效明显，国际产业聚集、要素资源配置、发展空间拓展功能显著增强，为构建现代化经济体系和支撑新发展格局奠定坚实基础，为建设团结和谐、繁荣富裕、文明进步、安居乐业、生态良好的新时代中国特色社会主义新疆做出更大贡献。跨境物流、冷链物流、智慧物流、航空物流等专业物流领域和现代供应链发展水平显著提升。重点培育和发展具有国际竞争优势的现代物流龙头企业。国家A级以上物流（供应链服务）企业数量达到200家以上。其中，5A级物流（供应链服务）企业达到15家以上。

第三节 新疆区域物流发展的基本路径

一、加快园区聚集性物流发展，提高物流产业专业化水平

区域物流发展园区化是现代物流发展的重要特征之一，园区化的物流能够较好地促进社会物流的专业化分工以及第三方物流的快速发展，提升物流产业的集群化发展水平，对提高区域物流综合服务能力具有重要的推动作用。相当数量和规模的物流园区是货物贸易重要的中转集散地，是将城镇、交通干线连接成面的枢纽。为此，新疆应加强物流产业发展规划的研究，大力扶持现代物流业的发展，允许并引导民间资本进入物流行业，在一些重要的交通干线上建设一批大型的物流园区。新疆应在丝绸之路经济带商贸物流中心建设进程中，着重发展产业物流园区、通道物流园区和口岸节点物流园区，依托各类高新技术产业区、经济技术开发区、工业园区、大宗产品生产和流通基地以及交通枢纽基地，构建多层次、差异化的嵌入式物流园区和物流中心体系，为新疆的跨越式发展和丝绸之路经济带国际物流发展搭建网络化的物流产业功能区。尤其在企业群体相对聚集，产业具有集群特征，同时物流市场需求出现多样化和分散化特征的区域，优先谋划和发展具有特色的多层次物流园区，以园区带动大物流，以大物

流带动大产业，为促进特色产业和地方经济发挥行业引领作用。鼓励各类开发区和园区中的各类生产、交易企业充分利用社会资源，外包物流业务。要充分利用物流园区交通枢纽的便利条件，鼓励多式联运，增强物流市场的辐射能力。要在乌鲁木齐市、昌吉市、石河子市、克拉玛依市、伊宁市、库尔勒市、阿克苏市和喀什市等重要城市以及阿拉山口、霍尔果斯等口岸区域，优先谋划和发展一大批专业化物流园区，构建结构合理、分工明确、高效运转的区域物流网络节点体系。在各类物流园区中，采取适当的财政、税收、金融、土地和人才政策，重点扶持一批本地骨干物流企业，同时吸引国内外著名物流企业到本地发展。

二、提高区域物流信息化装备水平，打造丝绸之路经济带云物流平台

基于新疆远离中心市场、绿洲分散的区域地理特点以及新亚欧大陆桥物流枢纽的地位，借助丝绸之路经济带建设之历史性发展机遇，新疆应率先构建和发展基于云计算的现代化物流基础设施体系和管理系统，以克服地理位置劣势，降低绿洲物流分散运行的成本，依托信息化高速公路，建立起高层次、宽领域的区域物流信息共享平台，密切国内和国际经济联系，全面提升区域发展能力和水平。信息化、系统化、网络化和全球化是区域物流发展现代化的基本特点，云物流技术的普遍应用提供了更多的信息处理方法，使产品流动更加容易和迅速。"云物流"是"云计算"在物流行业的应用服务，利用"云计算"强大的通信能力、运算能力和匹配能力，集成众多物流用户的需求，形成物流需求信息集成平台，实现所有信息的交换、处理、传递，整合零散的物流资源，使物流效益最大化。物流信息云平台是一种服务物流发展，为物流市场主体间信息交换、政府与市场主体间信息共享、供给者与需求者间信息交流的公共信息平台。物流公共信息云平台的构建与使用，将有效地提高大数据时代物流信息的管理效率，降低物流运作成本，促进物流产业的发展。新疆应依托现代化信息技术，高层次设计和改造新疆的传统区域物流系统，提高多元基础设施系统的信息化装备能力，全面降低区域物流运行成本，全力提升外向型综合物

流服务水平和新亚欧大陆桥物流通道能力,为打造开放高效的丝绸之路经济带云物流平台创造条件。

三、深入推进物流业对外开放,实施国际化物流战略

按照国家向西开放的战略要求、丝绸之路经济带的建设要求和国际能源大通道建设需求,新疆应积极实施国际化物流战略,为加速商品的国际流通提供有效的途径和保证,助推我国国际贸易的发展。基于丝绸之路经济带战略目标和能源、商贸通道建设目标,在国家相关部委的指导下,新疆相关部门应积极、主动地开展好与丝绸之路经济带沿线国家物流行业部门和国际组织的多元化、多层次交流与合作,共同探讨和促进国际物流通道建设、制度建设和物流便利化等问题,为振兴"丝绸之路经济带"国际物流做出积极贡献。在物流交流与合作主体层面,无论是物流企业,还是物流行业组织或物流教育、研究单位,都需要加强与国际的交流与合作,建立广泛的联系,推动新亚欧大陆桥和我国西部物流的国际化进程。新疆应出台专项鼓励政策,依托多元化的工作机制,为疆内和国内企业与中亚、西亚、欧盟的跨国物流企业加强交流与合作,合资共建物流基础设施项目和国际联运项目提供服务和指导。各级物流行业管理部门要以中亚、南亚和新亚欧大陆桥沿线区域物流合作为重点,开展务实、高效的区域物流合作,为企业"走出去"拓展国际业务创造更加广泛的发展空间。建立新疆大型物流企业与中亚、南亚合作的前期工作机制,拓展业务渠道,努力打造内外贸结合的商贸物流网络,实现国际与国内商贸物流渠道的有效衔接。鼓励国内企业面向中亚、南亚和欧盟开拓市场,全面引入和普及全球化供应链管理模式,不断降低物流总成本或供应链成本,参与国际化竞争。

四、加快西部各省(区、市)区域物流联动发展,共同打造丝绸之路经济带联运模式

道路联通和贸易畅通是共建"一带一路"加强"五通"建设的重要内容,是现阶段新疆需要着力加强的两个方面。新疆要充分发挥地缘优势,利用与周边国家现有的合作资源,继续推进"内引外联、东联西出、西来

东去"的向西开放战略，做好丝绸之路经济带国内段和国际段的连接桥，实现高效互动、顺利运转，当好推动者。因此，新疆首先要与西部各省区实现规划衔接，互补合作，推动丝绸之路经济带国内段联动发展。西部地区各省区均处在丝绸之路经济带国内段的节点区域，但各省区参与经济带建设的优势、职能、定位又相互区别，尤其是在产业基础及优势方面存在较大差异。为避免经济带产业发展中的省级区域间的重复建设，突出产业差别化，西部各省区应互补合作，建立省级区域的联动协调机制，做到合理分工、优势互补。为此，新疆要依托自身在丝绸之路经济带建设中的战略定位、战略重点、优先顺序和主攻方向等，编制发展战略，并加强与内地各省城市发展、基础设施建设、产业布局等专项规划的对接。为推动西部地区丝绸之路经济带建设中的道路联通和贸易畅通，新疆应将乌鲁木齐机场、喀什机场和伊宁机场建设成连接丝绸之路经济带沿线主要城市的国际性空运中心，建立四通八达的西部航空物流网络。铁路建设需加快推进中吉乌铁路国内段项目建设，积极推动中巴铁路建设项目前期工作。除道路交通外，新疆还应在网线、光缆、口岸等基础设施建设方面加大投入，努力将新疆建设成为丝绸之路经济带的核心驱动区。随着我国改革开放的不断深入和丝绸之路经济带建设的全面实施，西部与中亚、欧洲的经贸往来与合作将快速发展，"渝新欧"等多种模式将会成为具有世界品牌意义的货运线路，对我国西部的发展，甚至拉动欧洲经济发展都有积极意义。因此，建议新疆北疆地区的相关大型企业和沿线地方主动出击，与重庆渝新欧物流公司等国际联运公司合资组建丝绸之路国际联运公司，在积极利用"渝新欧"模式机制的基础上，创建新型"丝绸之路经济带联运模式"，共同推动我国西部地区国际物流业的发展和丝绸之路经济带的全面振兴。①

---

① 阿布都伟力·买合普拉. 基于丝绸之路经济带框架的新疆现代物流业发展路径研究[J]. 中国流通经济，2014（9）：34-39.

第十章

新疆区域物流体系建设的空间布局

新疆区域物流体系的空间布局主要解决整体区域物流网络的构建问题，包括物流通道的建设、物流经济圈的建设、物流枢纽城市的建设和重要物流节点区域的建设等多个层次。新疆维吾尔自治区人民政府出台《新疆维吾尔自治区现代物流业发展"十四五"规划》，对新疆物流产业总体布局进行了梳理和布局，基本体现了新疆区域物流发展的空间特征。

第一节 新疆区域物流体系建设的总体布局

新疆区域物流体系建设总体布局是按照新发展格局下承载国家战略、区域协调发展、核心区建设、产业布局调整和新型城镇化对现代物流体系建设要求，加快形成"一轴一带两环三圈"的现代物流总体发展格局。[①]

"一轴"，即沿兰新铁路、连霍高速的现代物流主发展轴，从东到西串联哈密、吐鲁番、乌鲁木齐、昌吉、石河子、奎屯—独山子区—乌苏、精河、博乐、伊宁、阿拉山口、霍尔果斯等物流节点城市，承载中欧班列主通道的国际物流双向联通及乌鲁木齐都市圈全疆物流的核心组织功能，由多个物流枢纽通过综合交通通道形成规模化组织的物流发展主轴。

"一带"，即由全疆17个陆路边境口岸形成的沿边开放物流带，从南到北、从西到东依次为面向中巴经济走廊的红其拉甫口岸，面向塔吉克斯坦的卡拉苏口岸，面向吉尔吉斯斯坦的伊尔克什坦和吐尔尕特口岸，面向哈萨克斯坦的都拉塔、霍尔果斯、阿拉山口、巴克图、吉木乃、木扎尔特

---

① 新疆维吾尔自治区人民政府. 新疆维吾尔自治区现代物流业发展"十四五"规划[Z]. 2022-04-27.

和阿黑土别克口岸，面向蒙古国的红山嘴、塔克什肯、乌拉斯台和老爷庙口岸。积极推动面向俄罗斯的吉克普林口岸和面向吉尔吉斯斯坦的别迭里口岸的对外开放，形成以双向国际物流组织与口岸枢纽经济为特色的陆路开放口岸物流带。

"两环"，即南北疆两个物流环状发展带，南疆环串联南疆城市群的喀什（图木舒克）、阿图什、阿克苏（阿拉尔）、库车、库尔勒（铁门关）、若羌、和田（昆玉），通过加强物流联结，密切产业经济联系，服务南疆经济提质增效，支撑兵团向南发展和中巴经济走廊开发开放，形成南疆物流发展环；北疆环沿准噶尔盆地边缘连接准东、富蕴、北屯、阿勒泰、克拉玛依、塔城等枢纽节点，南段与"一轴"重叠，服务北疆资源开发、物资集散、产业联系与经济发展，形成北疆物流发展环。

"三圈"，即南北疆统筹协调发展的疆内物流循环圈、融入国内经济"大循环"的国内物流循环圈、畅通国内国际"双循环"的国际物流循环圈。疆内物流循环圈通过打造干支仓配物流服务体系，畅通天山南北的全疆物流"大循环"，打通抵边、抵村、抵厂的物流微循环，高效满足生产生活对现代物流的需求与期待，构筑经济便捷的疆内物流循环体系；国内物流循环圈通过干线直连、多点直达与多式联运，以及规模化、网络化的物流组织，充分发挥"三基地"的保障作用，实现与国内其他经济区域及节点城市的互联互通，全面融入国民经济"大循环"，构筑高效率、低成本的国内物流循环体系；国际物流循环圈通过加快丝绸之路经济带核心区交通枢纽和商贸物流中心建设，打造内陆开放与沿边开放战略高地，发挥"三基地、一通道""西引东来""东联西出"的独特作用，形成联通国内国际"双循环"的门户枢纽和畅联亚欧大陆的物流通道网络，构筑具有国际合作与竞争新优势的国际物流循环体系。

第二节　区域物流通道总体布局

新疆区域物流通道的建设布局为：全面畅通"四横四纵"物流通道。

构建横贯东西、联通欧亚的丝绸之路经济带北、中、南及西南国际物流大通道，加强沿边口岸经济带通道辐射和战略链接能力。畅通连接南北疆的物流大通道，增强南北疆物流循环和经济联系，提升北疆环、天山环和南疆环物流组织能力，增强南北疆物资交换能力，密切基于物流通道的经济产业联系。

一、"东联西出"国际物流通道

丝绸之路经济带北通道。疆内主要经哈密、准东、克拉玛依、塔城、阿勒泰、富蕴、北屯等城市，向东经内蒙古额济纳旗、山西大同市连接京津冀地区，向西从巴克图口岸、吉木乃口岸出境，经哈萨克斯坦、俄罗斯至欧洲；或从吉克普林口岸出境，经俄罗斯连接亚欧大陆桥至欧洲；或通过老爷庙、塔克什肯等口岸连接蒙古国西部。该通道作为新亚欧大陆桥及中蒙俄经济走廊的支撑性通道，是保障我国能源运输的重要通道。

丝绸之路经济带中通道。作为新疆现代物流主发展轴，在疆内主要经过哈密、吐鲁番、乌鲁木齐、昌吉、石河子、奎屯—独山子区—乌苏、精河、博乐、阿拉山口、伊宁、霍尔果斯等城市，向东经兰州、西安、郑州连接长三角经济圈，向西从阿拉山口、霍尔果斯口岸出境，经哈萨克斯坦连接中亚、西亚及欧洲等区域国家。该通道是新亚欧大陆桥经济走廊的主动脉，也是中欧班列运行的主通道。

丝绸之路经济带南通道。疆内北线经若羌、库尔勒（铁门关）、阿克苏（阿拉尔）、阿图什至喀什（图木舒克），南线经若羌、和田至喀什等城市，通道向东经格尔木连接成渝双城经济圈及粤港澳大湾区等，向西从伊尔克什坦、吐尔尕特、卡拉苏口岸出境至中亚、西亚等国家。该通道作为中国—中亚—西亚经济走廊的主动脉，是南疆地区连接我国经济腹地的主要通道。

丝绸之路经济带西南通道。疆内以喀什为起点经南通道连接长江经济带、珠三角和海西经济区，境外经叶城至西藏阿里地区并经吉隆口岸连接孟中印缅走廊，经红其拉甫口岸或阿富汗至瓜达尔港连通印度洋。该通道作为中巴经济走廊的主动脉，是新疆经西藏与孟中印缅走廊联系的通道。

二、贯通南北纵向物流通道

老爷庙—若羌通道。通道起自老爷庙口岸，经哈密、罗中，至若羌等城市，形成沟通东疆与南疆地区主通道和中蒙资源能源合作发展物流通道。

红山嘴—库尔勒—民丰通道。通道起自红山嘴及塔克什肯口岸，向南经富蕴、准东、乌鲁木齐穿越天山至库尔勒、民丰，由此连接南疆环线，形成南北疆经济联系和物资转换物流通道。

吉克普林—和田通道。通道起自吉克普林口岸，经过阿勒泰、北屯、克拉玛依、奎屯、库车、阿拉尔、和田等城市，通道在和田继续延伸至康西瓦，成为新疆与西藏的连接性通道，形成深化南北疆产业联系、增强兵地融合发展的重要通道，也是"十四五"期间最具经济释放潜力的南北向物流通道。

沿边开发开放通道。通道起自吉克普林口岸，经过哈巴河、吉木乃、和布克赛尔、塔城、博乐、霍尔果斯、昭苏、温宿、阿克苏、阿合奇、喀什、英吉沙、叶城、康西瓦，与西藏日喀则相连，形成我国沿边开发开放与南北疆经济联系的重要通道。

第三节　枢纽城市布局

按照《国家物流枢纽布局建设规划》等文件精神，加快推进国家物流枢纽建设和区域物流枢纽建设。按照国家对物流枢纽设施布局建设区位良好、布局集约、存量优先公共开放、功能完善、统一运营、区域联动的具体要求，根据全区区域、城市、产业空间布局，综合考虑资源分布、区位条件和商品物资流向，以物流通道沿线城市和节点为支点，建设形成物流业空间布局体系。总体布局思路为：

核心物流枢纽1个：乌鲁木齐市。

骨干物流枢纽3个：库尔勒市、哈密市、克拉玛依市。

支撑物流枢纽6个：喀什市、霍尔果斯市、塔城市、石河子市、阿拉山口市、若羌县。

结合产业发展和城市功能定位，强化物流枢纽间功能、业务的对接，依托枢纽推动物流资源与产业资源的整合，拓展第三方物流、电子商务、邮政、快递等物流服务的区域分拨和仓储功能，培育行业发展新动能，探索枢纽经济新范式。积极争取国家从政策、资金和项目安排等方面给予自治区物流枢纽建设专项支持；争取国家在物联网平台信息化建设方面给予自治区更多的智力援助、优惠政策和资金帮扶；争取与亚投行和丝路基金等金融机构开展物流领域的投融资合作；重点推动枢纽铁路专用线、多式联运转运设施、公共信息平台、军民合用物流设施以及内部道路等基础设施建设。

一、核心物流枢纽城市建设

乌鲁木齐市：以乌鲁木齐市为核心节点，构建功能互补、协调联动、一体发展的环乌鲁木齐现代物流核心圈，引领全疆物流高质量发展，支撑形成新发展格局。加快推进乌鲁木齐三大国家物流枢纽布局建设，构建国际陆港、国际空港等开放平台，加强中欧班列开行线路和国际航线网络建设，打造我国面向中西亚和欧洲地区、联通"双循环"的国际物流核心枢纽；加强智慧绿色赋能，推动现代物流集约化发展，加强新疆智慧物流监管平台、国际智慧物流平台和专业智慧物流平台建设，构建新疆智慧物流组织枢纽。围绕"集货、建园、聚产业"，构建乌鲁木齐国际陆港区现代物流、国际商贸、先进制造、高端服务协同发展的开放型现代产业体系，把乌鲁木齐国际陆港区打造成为丝绸之路经济带核心区标志性工程，构筑乌鲁木齐都市圈的重要支撑。推进乌鲁木齐中欧班列集结中心建设，加强陆港型国家物流枢纽建设，推动在乌鲁木齐设立保税物流中心（B型）。推进乌鲁木齐国际陆港区和临空经济示范区联动发展，培育开放型龙头企业，发展出口商品加工、进口资源加工等产业。发展航空物流及配套产业，做大做强跨境电子商务产业园区。推动设立大宗商品交易平台，建设面向中亚、西亚、欧洲的货物集散地，形成覆盖全疆、连接欧亚的双向通道网络。

二、骨干物流枢纽城市建设

库尔勒市：库尔勒市以陆港型国家物流枢纽建设为牵引，提升产业物流全链条服务能力、价值创造力和资源配置能力，打造成为南北疆物资中转集散枢纽和区域供应链组织中心。围绕中巴经济走廊带核心承载区重要支点城市建设，进一步完善路网结构，实现公路畅通、铁路连通、航路广通，提升"东联西出"、互联互通的综合交通能力，把库尔勒市建成国家综合交通枢纽和陆港型国家物流枢纽城市，重点发展枢纽经济，成为南疆经济发展的桥头堡。加快推进库尔勒机场站坪扩建工程建设，启动库尔勒机场由4D机场提升到4E机场前期工作，开展库尔勒机场改扩建二期前期研究工作，争取升级到4F备降机场。全力打造库尔勒临空经济区，完善机场基础设施，积极推进航空口岸申报，着力打通对外航空网络，构建面向中亚、辐射内地、覆盖全疆的航空网络布局，把库尔勒机场打造成为出疆第二空中通道。加快陆港型国家物流枢纽城市建设，推动与临空经济区的协同布局建设。围绕推动经济高质量发展，加快铁路出疆通道建设。开展兰新客运专线提速改造、南疆铁路电气化改造建设。

哈密市：哈密市依托新疆东大门区位优势，以增强供应链安全和韧性为导向，以陆港型国家物流枢纽建设为契机，加强面向国内和疆内中心节点城市干线直达能力，打造成为融入国内"大循环"重要门户和大宗物资集散中心。"十四五"期间，哈密市重点加快山南商贸物流产业带、山北综合性能源物流产业带和南北物流产业线的"两带一线"产业格局，促进工业、农业、商贸、文旅等产业集聚发展，变"经济通道"为"通道经济"。围绕哈密陆港中心，打造国家物流枢纽体系"核心引擎"。依托城南多式联运物流基地、淖毛湖综合能源物流基地、三塘湖综合能源和边境口岸物流基地，补强哈密国家物流枢纽体系"关键支点"。充分释放连接乌鲁木齐和内地的桥梁纽带效应，依托城北公铁联运物流园，积极承接进疆物资分拨和集散功能，实现进疆物资在哈密分拨，疆内特色农副产品在哈密集散，使进出疆货物从"过境"变为经哈密集散。

克拉玛依市：克拉玛依市依托产业和大数据优势，完善石油石化全链条物流服务能力，建设石油石化国际供应链组织中心和北疆智慧物流服务中心。以生产服务型物流枢纽建设为目标，围绕"两港、四园、四市场、多中心"物流业总体布局，打造北疆综合型商贸物流枢纽、国际石油物资交易集散中心。推进航空枢纽经济集聚区建设，筹建铁路港枢纽经济集聚区，谋划高铁枢纽经济集聚区，打造枢纽经济承载平台。加快物流业、制造业融合发展，建设以石油石化为重点的大宗商品物流组织中心。鼓励物流企业依托产业链发展供应链物流，降低企业运营成本。加快通道网络建设，拓展完善四地五师货物集疏运网络布局，全面提升互联互通水平。加强与准东、石河子等地区的沟通协作，推动克—准铁路建设并在克北站区域设置接线点。聚焦物流专项领域，深化扩展产业发展空间。加快推进综合保税区申建工作。以现代供应链协同平台建设、危险化学品物流储运设施完善和安全管控、大宗商品综合物流服务、邮政快递三级节点网络构建、电商物流集散中心建设、冷链物流全链条一体化发展、应急物流系统化建设为重点，全面提升克拉玛依专项物流发展水平。以公铁联运为重点优化区域多式联运组织，加强物流枢纽集疏运铁路、公路和多式联运转运设施建设，建立规模化、专业化的集疏运分拨配送体系。满足城乡居民小批量、多批次、个性化、高品质生活物流需求，发展集中仓储、共同配送、仓配一体等消费物流新模式。

三、支撑物流枢纽城市建设

喀什市：喀什市依托喀什经济开发区和综合保税区，推进喀什现代物流协同发展，建设南疆商贸物流高能级服务平台，推进面向中巴和中吉乌的国际物流组织枢纽建设，打造引领南疆地区融入新发展格局的现代物流增长极。围绕中巴经济走廊国家战略定位，积极承接东中部地区产业转移，推进产业结构不断优化调整。以中亚南亚工业园区为依托，大力发展互联网、大数据经济，招引一批高附加值企业，将园区打造成为全市经济发展核心区和增长极。提升园区基础设施配套，增强园区整体承载力。深化"5G+工业互联网"应用，加大智慧园区建设。推动跨境电子商务综合试验区建设，着力培育跨境电商企业。用好中欧货运班列和国际货运包机,培育支持自产品出口企业,壮大外贸经营主体。推动喀什经济开发区商贸物流、电子产品装配、纺织服装、农副产品加工等劳动密集型产业发展,大力发展服务贸易,加快推动进出口商品加工基地建设,构建面向中亚、西亚、南亚和欧洲的特色产业集群,打造辐射带动全区经济高质量发展的重要引擎。

霍尔果斯市:推动霍尔果斯市、霍城县、伊宁市、伊宁县"两霍两伊"一体化发展,优化区域生产力布局,培育"西出东进"产业集群。支持霍尔果斯经济开发区与伊宁园区、清水河产业配套区一体发展。完善中哈霍尔果斯国际边境合作中心体制机制,提升合作中心建设水平,推动跨境电商、跨境旅游、免税购物、医疗服务、文化交流等业态发展。用足用好国家各项优惠政策,在人才引进、招商引资、园区建设等方面先行先试,创新投融资模式,加快配套设施建设,打造市场化、法治化、国际化营商环境,提升产业承载集聚能力。积极承接内地和境外产业转移,用好用足对口援疆省市和中央企业的产业优势,加快推进霍尔果斯经济开发区高端装备制造、纺织服装、农副产品深加工、生物医药、新材料等优势产业发展。

塔城市:以重点开发开放试验区建设为契机,推动跨境产业合作与边民互市贸易创新发展,打造边境地区现代物流与枢纽经济新范式。立足塔城区位优势,依托铁路、公路、航空、园区和口岸,加快资源整合,加大基础设施建设力度,提升商贸物流业在塔城经济发展中的基础性和先导性作用。着力打造塔城商贸物流中心、额敏铁路物流园、天山北坡商贸物流集散中心,推进跨境电商物流体系建设,推动互联网与传统商贸流通业有机结合,促进电子商务蓬勃发展。加快传统物流企业向现代物流企业转型,培育一批重点商贸物流企业,提升冷链物流信息化、标准化水平,不断扩大服务供给、释放需求潜力。力争"十四五"末基本形成布局合理、功能齐全、业态融合、便捷高效、绿色环保的商贸物流服务体系。

石河子市:依托雄厚的产业基础和多式联运条件,推动生产服务型国家物流枢纽建设和兵地融合发展,构建服务重化工业和食品加工业高质量发展的供应链服务体系。以"国家绿色货运配送示范城市"建设为契机,加快构建"通道+枢纽+网络"的现代物流体系，打造区域物流中心和国家骨干物流基地。优化物流园区功能布局，统筹资源配置。依托石河子花园机场、新疆通用航空公司和铁路货运枢纽中心，完善铁路、公路、航空综合立体交通网络，推进陆港多式联运综合物流园建设，实现各种运输方式无缝衔接。引进培育一批规模大、竞争力强的物流企业，扶持发展第三方物流，重点支持天业、天富等龙头企业转型升级，提升物流企业标准化水平。提升九洲商贸物流港、温州商贸城、绿珠九鼎市场、石河子种子市场、花卉市场等市场专业化服务功能。完善城市公共配送中心，拓展小区智能快递柜、冷链物流、衍生物流服务等业务，推进发展快速、智慧、高效、互联的物流业态。探索发展"中央厨房+食材冷链配送"。

阿拉山口市：发挥中欧班列、能源资源进口主通道和综合保税区叠加优势，加快陆上边境口岸型国家物流枢纽建设，构筑内陆开放和沿边开放集成创新高地。围绕陆上边境口岸型国家物流枢纽建设，完成综合保税区准轨编组站、铁路专用线能力提升、铁路口岸散矿翻车机系统、集装箱室内换装库、油气线改造、公路口岸联检大厅、监管库、甩挂场扩建、公路口岸吊挂门式起重机等项目建设。努力推动精阿铁路复线、中欧班列跨境铁路复线、哈国多斯特克—阿拉山口—独山子液化石油气跨境管道、多斯特克至乌恰拉尔公路、阿拉山口至多斯特克宽准轨增建二线项目早日开工建设。切实解决影响中欧班列运行的关键"堵点""卡点"问题，保障和提升中欧班列在阿拉山口口岸的高质量运行。持续深化口岸重点领域和关键环节改革，加快口岸信息化服务整合，推动海关、边检、铁路、国际道路等部门信息互联互通、数据资源综合利用。用足用好国家、自治区赋予的10项口岸资质、陆上边境口岸型国家物流枢纽、国家加工贸易产业园、中欧班列枢纽、沿边开发开放先行先试等政策。借鉴国家首个洋山特殊综合保税区政策经验，开展申请设立"阿拉山口特殊综合保税区"前期研究工作。积极争取中国（新疆）自由贸易区阿拉山口片区、二手车出口试点资质、进口木材资质等特殊政策，打造全疆最优产业发展政策洼地，为口岸经济发展注入强大活力。

若羌县：发挥南通道中转集散枢纽优势，提升面向南疆、青海、西藏、成渝方向的物流中转分拨能力，加快打造南通道物流组织枢纽和特色农林产品集散中心。立足交通区位，面向周边，科学规划物流布局，形成结构合理、层次分明、运转有序的现代物流网络体系。加快融入连接疆内外的物流网络，打造集货物集散、存储、分拨、转运等多种功能于一体，辐射区域更广、集聚效应更强、服务功能更优、运行效率更高的综合性区域物流枢纽。坚持"物流+产业+基地"发展模式，围绕"一园、三个产业集群、十大产业板块"，完善园区基础设施、配套设施，加快推进现代物流产业园建设和装备制造项目的落地，加快形成物流和产业的相互支撑、高度融合。深入推进自治区物流节点（枢纽）城市建设。到2025年，基本形成以若羌现代物流园区为支点，实现"三港"连通的"一主一副、两轴三港"物流产业发展格局，利用若羌地理区位及综合交通运输优势，建成以塔东南枢纽为核心的现代物流运行体系，打造国家级商贸物流产业基地。

第十一章

新疆区域物流体系建设的重点任务

区域物流发展的基本任务是根据区域物流发展规划纲要，结合区域经济、社会以及地理条件，将各类物流要素（如交通运输和仓储设施等）合理地组合布置在最适宜的区域，使物流网络布局与经济发展、资源、环境，以及城镇居民点、基础设施等建设布局相协调。通过区域物流设施的规划和建设，形成高效的、有规模效应的、能实现联合运输的、经济的区域物流支撑体系。重点建设任务是着力提高区域内的物流基础设施水平，促进互联互通，着力促进物流业转型升级，提高重大工程实施的整体性和协同性，建设一体化、顺畅衔接的物流通道和设施网络，加强新技术和现代化设备的应用，提高区域物流运行效率。

区域物流体系的重点建设任务主要分布在物流大通道建设、物流节点网络体系建设、行业物流服务体系建设、物流市场主体培育等重要板块。其中物流大通道建设包括公路、铁路、民航、能源运输等大通道的建设，物流节点网络体系包括物流枢纽城市、节点城市、重要物流园区建设等，行业物流服务体系包括围绕第一、第二、第三产业的社会化物流体系建设，物流市场主体培育包括重大龙头企业的培育和大量中小型物流企业群体的培育等诸多方面。

第一节 着力构建综合物流大通道

充分把握新疆在国内"大循环"和国内国际"双循环"中的位置和比较优势，把构建新发展格局同丝绸之路经济带核心区有机衔接起来。立足新疆承东启西的区位优势，推进交通基础设施互联互通，全力建设东西双向开放、南北双向畅通、枢纽集疏便利的丝绸之路经济带核心区交通枢纽中心，贯通新疆通往中亚、西亚、南亚和欧洲的国际通道，畅通新疆连接内地的运输通道。着力推进基于中国—中亚—西亚经济走廊、中巴经济走廊、中蒙俄经济走廊的物流通道国内段和国际段战略规划研究，开辟由新疆通往周边国家和地区的多条综合物流通道。加快公路、铁路、航空、信息基础设施互联互通，建成"进出疆快起来、南北疆畅起来、出入境联起来、疆内环起来"四类综合运输通道。完善空中大通道，加快建设乌鲁木齐国际航空枢纽，开通喀什、伊宁机场国际航线，加密疆内机场联通内地航线，形成承东启西、连接欧亚的现代化综合立体交通网络。推进国际光纤光缆工程建设，提高信息联通水平。建设基于昆仑山北坡的中巴经济走廊能源通道，将其连接至青海西宁，打造我国西部新兴能源产业带。充分发挥"西引东来""东联西出"的区位优势，积极参与西部陆海新通道战略、西部省区协调向西开放等省际交流发展，发展开放型经济。加快建设边境经济合作区，打造跨境产业链、供应链，建设一批深化双边经贸合作的重大项目。

一、铁路通道建设

优化铁路网络布局，建设伊宁—阿克苏铁路、罗布泊—若羌铁路，打通南北大通道。加强地区开发性及沿边铁路建设，加快既有铁路扩能改造，提高运输能力，构建以兰新高铁为骨干，以南北疆铁路为两翼，沿准噶尔盆地的北疆铁路环线、沿塔里木盆地的南疆铁路环线以及贯通天山南北的东疆铁路环线和天山铁路环线的"四环"铁路网络。推进铁路与公路、机场高效衔接。加快铁路专用线数字化、智能化建设。

铁路重点项目

（1）续建项目：阿克苏—阿拉尔铁路。

（2）新开工项目：伊宁—阿克苏铁路、将军庙—淖毛湖铁路、罗布泊—若羌铁路、富蕴—塔克什肯口岸铁路。

（3）扩能改造项目：乌鲁木齐—将军庙铁路增建二线电气化扩能改造及三坪—头屯河联络线、精河—阿拉山口铁路增建二线、库尔勒—阿克苏—喀什扩能改造、精伊霍铁路增建二线、兰新客专线达速。

（4）加快推进前期工作项目：伊宁—巴伦台铁路、克拉玛依—准东铁路、塔城—阿拉山口铁路、三塘湖—老爷庙铁路、巴楚—莎车铁路、阿拉尔—图木舒克—巴楚铁路。规划研究乌鲁木齐—喀什高速铁路、乌鲁木齐—霍尔果斯高速铁路、和田—日喀则铁路、塔城—阿亚古兹铁路、克拉玛依—阿勒泰铁路电气化改造、克拉玛依—塔城铁路电气化改造、南疆铁路喀什—和田段电气化改造。①

二、民航通道建设

实施新时代民航强国建设行动，补齐基础设施、空域、人才技术等短板。加快乌鲁木齐国际航空枢纽建设，新建、改扩建一批支线机场，推进部分机场二跑道前期工作。大力发展通用航空，新建一批通用机场，鼓励支线机场增加通用航空设施。优化完善航线网络，积极开辟国际航线，加密国内疆内航线，形成"东西成扇、疆内成网"格局。推动"东联西出"的国际航空港、国际航空货物运输中心建设。到2025年，全区建成和在建民用运输机场37个，其中5年建成和在建民用运输机场15个。

民航重点项目

（1）续建项目：乌鲁木齐机场改扩建、喀什机场改扩建、吐鲁番机场改扩建、昭苏机场、塔什库尔干机场。

（2）新开工项目：阿拉尔、准东（奇台）、巴音布鲁克、巴里坤、乌苏、轮台、和布克赛尔、皮山、且末（38团）9个新建机场，克拉玛依、那拉提、博乐、库车、哈密、石河子、图木舒克、莎车8个机场改扩建。

（3）增补列入《全国民用运输机场布局规划》和"十四五"建设规划并开工项目：阿合奇、吉木乃、青河、拜城4个新建机场。

（4）通用机场：霍尔果斯、乌尔禾、温泉、叶城、策勒、布尔津、博湖、特克斯、福海、巩留、尼勒克、温宿（大峡谷）、禾木景区、赛里木

---

① 详见《新疆维吾尔自治区国民经济和社会发展第十四个五年规划和2035年愿景目标纲要》。

湖景区、巴楚、10团（阿拉尔市）、224团（昆玉市）、北屯等通用机场。

（5）全面调整乌鲁木齐国际机场的功能布局，加快建设库尔勒、克拉玛依西部货运机场和喀什、霍尔果斯向西国际中转机场。

三、公路通道建设

加快推进国家高速公路网贯通，有序推进省级高速公路、高速（一级）连接线建设，构建互联互通、覆盖广泛、畅通高效的高速公路网。推进G216线、G217线等普通国省道低等级路段升级改造，加强G312线、G314线等城镇过境段改造，推动具备条件的重点乡镇三级以上公路覆盖、具备条件的5A级旅游景区高速（一级）公路覆盖，实现全疆干线公路成环成网。到2025年，基本实现高速（一级）公路"县县通"，高速（一级）公路里程达到1万公里以上。

公路重点项目

（1）高速公路项目。建设若羌—民丰、尉犁—35团、35团—若羌、G0711线乌鲁木齐—尉犁、G7线伊吾—巴里坤、巴里坤—木垒、G3018线精河—阿拉山口、乌鲁木齐绕城高速（西线）、S519线梧桐大泉—沙泉子、S21线阿勒泰—乌鲁木齐、独山子—库车等高速公路项目。加快新疆各地州与所辖县市之间的高速公路体系建设，完善西宁至和田高速公路建设。

（2）普通国省道项目。建设G218线那拉提—巴伦台、G575线巴里坤—哈密、G314线布伦口—红其拉甫口岸、G216线北屯—富蕴、G575线老爷庙口岸—巴里坤、G578线龙口—旱田、G577线特克斯—昭苏、S254线尉犁—且末、S232线布尔津—喀纳斯机场、S327线北山煤窑—将军庙—五彩湾、G217线阿勒泰—布尔津、G218线伊宁市过境段、G577线精河—伊宁、G579线库车—拜城—玉尔滚、G580线阿克苏—阿瓦提、G335线塔岔口—托里—巴克图口岸、G312线呼图壁—玛纳斯、G314线阿克苏过境段、G216线红山嘴口岸—阿勒泰等国省道公路项目。[①]

---

① 详见《新疆维吾尔自治区国民经济和社会发展第十四个五年规划和2035年愿景目标纲要》。

第二节 统筹建设物流节点网络体系

一、重点物流园区建设

加强重点物流产业园区的统筹布局，加快推进物流集聚区建设，引导不符合规划的物流项目实现转型升级。以物流产业规模化、集约化、高端化发展为导向，明确各重点物流产业园区功能定位、发展路径和时间表。对自治区级重点物流产业园予以优先用地保障，积极推行"先租后让""租让结合"等多种物流用地供地方式。入驻自治区级重点物流产业园的物流企业在用电、用水、用气方面实行与工业同价政策。鼓励自治区级重点物流产业园管理体制机制创新，按规定可参照自治区级工业园区设置管理机构。

二、口岸物流体系建设

围绕新疆各类开放口岸载体，发展面向南亚、中亚、西亚的口岸跨境物流。加强口岸基础设施建设，提升口岸通关便利化水平。开展跨境物流体系建设改革试点，积极参与上合组织国家交通物流、通关便利化等合作机制。充分利用综合保税区、集装箱场站、中欧铁路班列等平台，建立健全铁路、公路、航空及多形式区域性国际联运统筹协调管理机制，提升国际化多式联运能力和效率，积极打造联通国内市场和中亚—西亚市场的区域性国际物流中心。优化口岸经济带布局，建设一批特色进出口资源加工区，打造集落地加工、产业集聚、商贸物流、边境旅游、边民互市贸易于一体的口岸经济平台。密切口岸与各类园区、城镇、腹地经济联系，推动"通道经济"向"产业经济""口岸经济"转变。

三、县域物流集散中心建设

围绕自治区各县域经济单元统筹规划建设县级物流集散中心，发展集中仓储和共同配送，支撑城乡双向物流配送网络高效衔接。研究制定县级物流集散中心建设标准，强化资源整合、集散中转、仓储配送、流通加工、信息服务、冷链配套等功能，突出城乡物流配送核心节点作用。各县（市、区）结合当地经济社会发展实际，通过新建或改造升级等方式建成至少1个县级物流集散中心。县级物流集散中心建设纳入当地土地利用规划和城乡建设规划，并与本地经济社会发展、交通、商贸流通和物流业发展规划紧密衔接，以保障项目实施。

四、国内主要中心城市前置仓建设

鼓励疆内物流企业在西安、郑州、成都、武汉等重要的区域中心城市及对口援疆城市设立商品物流分拨配送中心。依托产业援疆等优惠政策，引导国内城市知名电商物流、生产制造龙头企业，通过自建、合作、并购等方式在条件成熟的地（州、市）部署物流基地、仓配中心，构建疆内外高效互通、双向互联的物流服务网络，降低新疆优质产品物流成本。在条件较好的边境口岸布局建设边境仓。

五、"海外仓"境外物流网络建设

以乌鲁木齐国际陆港为核心组织枢纽，联合疆内、国内物流枢纽企业及平台公司，在中欧班列开行沿线铁路枢纽、交通枢纽、货运站（场），采取租赁、合作、参股、收购等方式，建设一批物流园区、物流中心和海外仓，完善设施功能，吸引国内外贸易企业、物流企业、配套服务企业进驻，拓展双向货源组织渠道，降低国际物流运输成本，提高国际物流运行效率，提升国际供应链的稳定性和安全性，打造支撑陆路运输双链接、双辐射的境外物流运作网络节点。

第三节　构建紧密连接的多式联运系统

大力发展多式联运，加快主要铁路、航空、公路物流枢纽多式联运中转设施建设，构建铁路、公路和航空运输能力匹配的集疏运通道体系。依托铁路、高速公路、机场的规划建设，结合产业发展、城市规划和物流需求，规划建设一批多种运输方式无缝衔接的，集国内外物流中转、集散和储运于一体的现代化综合货运枢纽，实现枢纽站场衔接配套和功能整合，进而满足县域内外物流多式联运发展需求。一是通过合理规划布局各运输方式的物流设施，构建能力匹配的集疏运通道，配备现代化的中转设施，实现西部地区交通以及周边国家、地区间交通的顺畅衔接，进而满足货运无缝衔接发展需求。二是根据自治区空间规划，综合考虑大中型城市空间拓展趋势和县市交通发展现状及未来发展需求，超前规划跨区域交通线路，合理分流跨区交通，从而实现跨区交通"近城市而不进城市"，减少跨区交通对城市内部交通的干扰。三是结合物流聚集区对外货物流量流向分布特点，科学合理布局全区主要对外出入口，并通过连接线建设进一步强化与高速公路互通、普通国省干线公路等的对接，全面实现自治区对外出入口的便捷畅通。

一、优化基于多式联运的环线公路网络

构建与铁路、机场和公路货运站能力匹配的公路网络系统。加快物流聚集区之间物流通道的联通建设，着力推动各类货运站（场）、产业园区和物流园区的连通。以"环线+放射线+填充线"形成环新疆区域的骨架道路网络，适应自治区城市体系发展格局。改造提升乌鲁木齐市与地州之间以及县市之间快速通道，加快建设直达高速公路网络，择机规划启动绕地州、县市环城公路网络。加大重点矿区、产业聚集区、各类园区通达性公路网络的建设力度。加快推进各类资源路通道的建设项目。

二、建设基于多式联运的铁路枢纽设施

依托一系列区内外规划铁路建设项目，推进铁路专用线建设，发挥铁路集装箱中心站作用，推进进出疆枢纽区域集装箱场站建设。重点推动枢纽城市铁路货运站建设，根据未来通道经济发展需求，不断提高站场等级和输送能力并扩大规模。着力推动区域各产业园区、重大企业项目和公共

性项目的铁路转运线工程。

三、打造基于多式联运的疆内航空枢纽

加快推进各类机场布局建设，增辟疆内、疆外航线，把乌鲁木齐机场建设成为丝绸之路经济带的重要航空枢纽。建设若干基于各大经济走廊的国际门户机场，全面完善喀什、霍尔果斯、塔城开发区机场航线体系。在各类枢纽机场附近全面建设各种规模的空港物流园，实现公路货运站与民航的联动。

第四节 积极推进重点行业物流发展

将工业物流、农产品物流、商贸物流、快递与邮政物流四大物流部门作为新疆发展现代物流业的主要抓手和突破口，根据行业特点、产业基础、集聚功能和合理辐射半径等因素，遵循布局集中、服务联动、集聚发展的原则，规划布局物流分拨配送区域和配送网络，为相关产业发展提供强力支撑。

一、大力发展为新型工业化服务的现代物流产业

紧紧围绕新疆区域经济结构调整和发展壮大，推动物流与制造业深度融合，大力促进区域内的工业企业引入现代物流管理技术，优化企业供应链，降低企业物流成本，打造企业核心竞争能力。聚焦新疆新能源、新材料、装备制造、生物医药、电子信息、纺织服装等产业发展，加强现代物流与先进制造业布局有效衔接。支持物流企业与制造企业通过市场化方式创新供应链协同共建模式，建立互利共赢的长期战略合作关系，建设集采购、分销、仓储、配送、金融于一体的供应链协同服务平台，增强企业响应市场变化和应对外部冲击能力。引导第三方物流、快递企业为制造企业量身定做供应链库存管理、线边物流、一体化服务等物流解决方案。促进枢纽主体物流企业及供应链企业嵌入制造业产业链，支撑制造业要素集

聚、辐射能级提升和集群化发展。通过规模化物流组织和一体化物流运作，推动制造业全产业链、供应链系统性降本增效，依托全疆的综合保税区、经济开发区和产业园区，打造综合成本洼地和产业服务组织高地，助力实体经济高质量发展。

二、构筑农产品大市场和大流通

引入现代物流产业经营模式，加快建设新疆农产品物流网络体系，加快建立、完善以生产专业化、服务社会化、经营主体多元化和产销配送一体化为标志的现代农业市场体系，形成农业的大市场、大流通和大贸易网络格局。立足全疆各地资源禀赋、产业发展基础，聚焦牛马羊肉、奶业、林果、葡萄酒、加工番茄、加工辣椒、设施蔬菜、特色医药等优势特色产业集群，引导具有集中采购和跨区域配送能力的农产品物流集散和加工配送中心建设。鼓励交通运输、邮政、快递企业与农业生产企业、商超、电商、农产品经销商等跨行业联营合作或组建产业联盟，以电子商务平台及商贸流通企业为载体，以物流运输为纽带，建立"种植（养殖）基地+生产加工+商贸流通+电子商务+物流运输+金融服务"一体化的供应链体系。加强政策引导和发展示范，依托疆内特色农产品生产基地和农业产业（科技）园区及大型农产品批发交易市场，培育一批全程物联、全链可溯、全域可视的特色农产品供应链平台。深入开展农产品产销对接，巩固提升农产品外销平台和物流支撑网络，以南疆为重点，持续优化完善特色农产品疆内收购、疆外销售"两张网"，通过提升供应链服务，全面扩大新疆农产品国内市场销售规模和辐射范围。

三、加快提高商贸流通现代化水平

以乌鲁木齐、喀什商贸服务型国家物流枢纽以及区域物流枢纽和物流园区为主要节点，强化干线接卸、前置仓储、分拣配送能力，建设"枢纽+干支仓配"的商贸物流基础设施网络体系，有序引导生产生活资料物流资源向枢纽转移和集聚，加强枢纽集中安检、公共仓储、集疏运道路及综合信息平台等公用型设施平台建设。推动实体商贸市场线下网络与电子商务、跨境电商线上网络融合发展，提升商贸市场竞争能力，扩大辐射范围。积极引入大型网络化、平台型电商物流企业，鼓励其利用国家及区域物流枢纽的干支服务网络，提供广覆盖、强辐射的专业物流服务，提高电商物流服务的时效性、准确性和经济性。推动物流企业与商贸企业共同打造一体化供应链服务平台，通过资源共享、业务协同，全面提高市场快速响应能力。在人口消费分布相对集中、与主城区距离较近的农村地区，加快构建城乡一体化物流服务体系。在人口消费分布相对分散、与主城区距离较远的农村地区，加快县域及农村物流集散网络资源整合，积极对接区域内重点物流园区和主干分拨网络。

四、拓展快递和邮政物流服务

作为支撑电子商务发展的快递行业，要顺应网络购物快速发展的需要，推进快递物流服务与电子商务的融合发展。鼓励和支持民营快递企业，通过全资直营、特许加盟、业务代理等多种途径，扩大网络覆盖范围，拓展增值业务，加快技术设备更新，培育一批规模化、品牌化、规范化快递企业。实施快递下乡工程，鼓励和支持民营快递企业"向下走"，鼓励快递企业加快乡镇（团场）网络布局，支持通过开办快递超市、快递驿站、邮快联合、交快联合的方式在乡镇（团场）设立快递服务末端网店，推动"快递下乡、进团场"，支撑农村电商发展，打通"工业品下乡"和"农产品进城"双向通道。建立区域快递服务协调和监管机制，实现快递物流网络规范化运行。依托现有快递物流、电子商务等园区，以昌吉、克拉玛依、哈密、奎屯、库尔勒、喀什等为主要节点，完善邮政快递服务网络。依托高速公路干线通道、南北疆环线、铁路及支线机场资源，构建多种运输方式合理配置、顺畅衔接的邮政快递干线运输网络。鼓励邮政、快递企业与第三方物流企业共建共享末端设施，探索驿站代收、联收联投等多样化模式，推动城市居住区配建邮政快递服务场所和智能快件箱（信包箱）等设施。拓展特色林果等农产品出疆通道，以新疆特色农副产品为重点，提升快递服务农业产业化水平。推动邮政快递与旅游产业协同发展，完善旅游景区寄递服务网点功能，提供专业化、特色化寄递服务。

第五节 加快培育物流企业群体

一、重点培育龙头企业

要充分发挥物流企业的市场主体作用,重点培育和引进一批大型骨干物流企业和企业集团,推动物流市场主体的高端化、规模化发展,同时实施中小物流企业培育提升计划,支持中小物流企业提高服务能力和经营管理水平,实现企业规模扩张和业态升级。选择基础条件较好、具有明确企业发展战略、表现出良好成长性的大型物流企业和企业集团,集中进行政策支持和要素资源配置,配合供给侧结构性改革,最大限度地降低制度性交易成本,鼓励其整合社会物流资源,实施跨行业、跨领域的联合、重组和并购,打造10家具有行业引领示范作用的龙头企业。

二、加快产业联盟发展

结合物流业中小微企业多的实际情况,全面实施中小微物流企业培育提升计划,搭建不同层次的公共服务平台,在人才、培训、信息、管理、融资、财税服务等多方面为中小微物流企业提供全方位的支持和帮助,鼓励中小企业通过联盟、联合及重组等多种途径,提高一体化运营服务能力,培育5~10个中小物流企业联盟,逐步实现企业的规模扩张和业态的转型升级。大力培育具有竞争力的快递企业和产业联盟,创新快递产品和服务模式。鼓励有条件的快递企业大力拓展仓储、包装、二次派送以及产品售后维修、外出旅游往返快递等个性化增值业务,开发供应链定制服务,延伸和拓展快递服务链。支持商贸流通企业发展店铺自提、配送到柜、实体店上门送货等业务。

三、培育第三方物流企业

围绕重点产业园区和大型企业集团,加快培育一批与新疆现代产业体系相配套的第三方物流企业，鼓励物流企业以参股、控股、兼并、联合等方式进行资产重组，提高组织化、规模化、网络化程度和服务质量。鼓励和支持传统仓储、运输企业，按照现代物流理念和运作流程，加大设施改造力度，大力应用现代物流技术装备，提高增值服务能力，加快向第三方物流企业转型。进一步加快制造企业、商贸企业分离物流业务，推进物流企业托管置换工商企业的物流要素，推动物流企业参与制造业供应链管理，做强做优第三方物流企业。扶持一批专业化物流信息服务企业，整合物流信息、监管、设备等资源，面向社会开展信息服务、信息管理、技术服务和信息交易等业务。

四、提升企业品牌竞争力

支持专业化水平较高的物流企业发挥自身优势，做优做精核心业务，提高技术装备和管理水平，积极引进国际物流标准，加强品牌管理，加强企业文化建设，创新特色服务，逐步形成一批区域服务网络广、供应链管理能力强、物流服务水平优、品牌影响力大的现代物流知名企业。依托物流园区建设，培育一批现代化、规模化、专业化的物流企业，形成一批具有一定规模和较强竞争力的现代物流企业集团。在农产品、连锁配送、信息服务、智能物流等领域加快培养一批本土物流品牌。加快物流领域驰名商标、著名商标的培育创建工作，逐步扩大品牌效应。鼓励和支持品牌物流企业申报国家物流企业 A 级评定，提升品牌价值。探索推行物流企业进出口经营权试点，扶持有条件的物流企业开拓国际市场。

第十二章

新疆区域物流体系建设的重点工程

重点工程因经济区域的发展差异和需求差异而不同，根据经济区域的物流产业发展实际而确定。区域物流相对发达地区的重点工程更多地体现在区域物流体系的进一步优化、提高物流产业转型升级水平、培育物流产业的主导地位、产业组织创新、物流国际化发展、提高城镇物流配送效率、各类区域物流示范工程等诸多方面。区域物流欠发达地区的重点工程更多地体现在区域物流基础设施的进一步完善、区域物流堵点的打通、区域物流网络的完善、物流标准化工程、物流管理体制改革、物流产业政策体系建设、加强区域物流合作、物流信息化工作、物流市场主体培育等基础性工程方面。

新疆区域物流体系的重点工程是一个系统化的工程体系，要从物流产业发展的基础阶段做好系统化的梳理完善工作，包括新疆物流产业体系的标准化工程、区域内外联动发展工程、特色农产品物联网工程、物流国际化工程、物流公共信息平台工程等。这些工程设计体现了新疆区域物流的基本发展需求。比如，对于新疆这样的欠发达地区要统筹发展区域物流体系，一定要高起点规划综合物流设施，高起点培育物流市场主体，因此，一开始规范化、标准化发展是非常重要的。而且，规范化发展可以避免地区之间、部门之间的重复建设、资源浪费和同质化竞争等。新疆的区域物流首先要在内部形成有效畅通的物流网络体系，依托新疆的地理特点，疆内南北疆之间、若干重要通道之间做到有效连接和联动，突破绿洲地理的分割，保障新疆城乡经济有序运行。同时，要加大与国内发达市场和周边国家和地区国际市场的对接力度，这样才能有效发挥丝绸之路经济带核心区作用。因此，新疆区域物流不仅仅局限于新疆区域内的自我循环运行，而且是一个由内到外联动发展的过程。

第一节　物流标准化工程

作为丝绸之路经济带核心区，新疆首先要打造好现代物流发展的示范区，全面展现核心区现代物流的发展水平和面貌。对于区域物流基础设施的建设、物流园区的建设、物流企业的培育、物流装备的配置等所有方面，要尽量统一行业标准和认定，在起始阶段就相对规范化地发展区域物流。关于物流产业的发展，国内在逐步完善标准化发展体系，而国际层面的物流发达地区的发展模式是很好的参照资源。新疆既然要建设核心区，那就该有核心区的发展水平，至少物流产业的标准化发展水平应为国家的前列水平和示范区水平。这样才能符合丝绸之路经济带核心区的发展定位和要求。

物流产业标准化体系建设是提高区域物流竞争力的重要手段、提高行业发展效率的重要举措。标准化意味着相对规范的区域物流设施视觉形象、匹配兼容性较高的多式联运体系和物流配送设备体系。通过标准化设施、流程和要素，可以更好地提高社会物流的运行效率，增强社会物流的畅通性，提高物流设施设备的使用效率等。物流产业标准化体系建设的一个重要成效是可以相对有效地剥离出真正具有市场竞争力的产业主体和企业群体，能够便于做大做强优势企业。要进行物流产业项目的扶持或者物流产业发展资金的配置，首先要考虑那些标准化水平相对较高的区域、园区或企业，做到扶有扶强，有效发挥产业项目或者产业引导资金的作用。

要依托国家物流标准体系和新疆经济社会发展特征，明确研究提出物流产业的一系列标准化体系，着力解决物流产业发展的不规范问题。抓住国家大力推进物流标准化契机，研究和制定物流标准化体系建设规划，建立健全各种物流业态的物流标准体系，确定物流标准化实施路线图。做好物流标准化的协调和组织工作，按照国家标准，尽快研究制定适应新疆物流业发展需要，与国际、国内接轨的物流技术标准和工作标准，促进各种物流技术标准和服务规范标准协调一致。印发执行《物流标准化中长期发展规划（2015—2020年）》，推行物流基础类、技术类、信息类、管理类、服务类等技术标准。制定和推广物流基础设施、技术装备等方面的基础性、通用性标准，安全卫生和环境保护方面的强制性标准，各种物流作业和服务方面的专业标准，实现与国际物流标准接轨。推动物流标识标准化，实现与交通运输业、农业、制造业、商贸业等其他行业标准，以及与海关、质检等部门标准的衔接。实施物流标准化服务示范工程，选择大型物流企业、物流园区开展物流标准化试点工作并逐步推广。通过集中培训、经验推广等方式做好物流标准化宣传普及工作。

一、推进产业主体标准化发展

重点对物流园区等空间组织和物流企业进行标准化认定和引导，推进物流产业的规范化发展。梳理和调整各类物流园区、物流中心等挂牌管理，促进物流产业运营载体的标准化发展。研究设定新疆各类物流空间组织的设立挂牌标准，包括物流园区、物流中心、配送中心（末端网点）等空间组织的设立挂牌标准，划分物流空间组织的发展等次。对各层次物流空间组织的设立和挂牌提出明确的行业标准和基础设施载体标准。依托物流空间组织标准，对现有疆内物流产业空间组织进行重新评价梳理，对重点物流产业空间组织实施挂牌工程，加快物流产业空间组织的专业化分工，实现物流空间载体从低层次的同质化竞争向综合化、专业化、差异化转型升级。确立物流园区的建设和运营标准，统筹培育发展若干个以布局集中、用地节约、产业集聚、功能集成、经营集约为特征的物流园区。挂牌物流空间组织优先申报相关扶持项目。研究设计物流企业的评价指标体系和等级划分标准，有效引导物流产业组织的规范化发展。建立适应新疆现代物流业发展需要的物流企业评估标准体系，对企业规模、人员、设备、经营管理和信息技术等方面设立基本的评估标准，在市场准入等方面实施公平规范的管理。积极推行国家出台的《物流企业分类标准和评价体系》。推进重点物流企业参与医药、汽车、电子、家电、冷链等行业及物联网、城市配送等领域物流技术标准和管理标准的制定和试点工作。完善物流企业申请高新技术企业、技术先进型服务企业认定标准。鼓励和支持各级物流行业协会开展企业 A 级评定申报工作，向国家积极推介新疆有实力的品牌物流企业。支持行业协会开展物流职业资格培训和认证工作。

二、推进产业设施标准化建设

按照国际标准，全面评估新疆区域物流设施的建设情况和物流装备、设备的使用情况，全面提高综合物流设施和物流设备装备的兼容性运用水平。努力推进技术装备的使用规范及标准，支持物流企业开展质量、环境和职业健康安全管理体系认证。推进专用车辆、集装箱等物流设施设备的标准化建设，形成与全国乃至国际接轨的技术标准化体系。鼓励物流企业采用标准化物流计量、货物分类、物品标识、物流装备设施、工具器具、信息系统和作业流程等，提高物流管理、技术和服务标准化水平。加快对现有仓储、转运设施和运输工具的标准化改造。要抓紧制定适用城市配送的车辆相关要求，积极引导企业推广使用符合标准的配送车型，推动城市配送车型向标准化、厢式化发展，加快开展城市配送车辆统一标识管理工作。邮政管理部门要研究制定非机动车从事快件收投业务的相关行业标准，城市邮政管理部门要会同交通运输等部门，研究出台非机动车从事快件收投业务的相关管理办法。

三、推进人力资源专业化发展

推进物流系统各环节操作人员的专业化发展，提高物流产业规范化操作管理水平。不断提高货运司机的专业化发展水平。制定货运驾驶员技能标准和培训体系，开展各种形式的专业化培训工作。从深化培训服务、开展网络教学、严格准入退出机制等方面着手，探索出一条培养高素质货运驾驶员的有效路径。加强货运驾驶员的常规业务行为规范化管理。货运车辆在出发前，要进行标准化捆绑和吊装，以减少由于货物装载不当造成的交通事故。逐步要求货运车辆配备行车记录仪，以记录并连续更新汽车的加速度、旋转和方向信息数据。货运车辆出发前需要启动行车记录仪。一旦发生事故，交通管理调查员和保险人员可以从记录的数据中再现交通事故的过程。参照相关国内外标准，对货车驾驶员的休息时间进行强制性规定。为保证驾驶员休息时间,防止出现疲劳驾驶,规定货运驾驶员每天工作时间为 9 小时,最长不得超过 10.5 小时。每次最长驾车时间不能超过 4.5 小时,并需休息 45 分钟。驾驶员连续工作 5 天,需要强制休息 1 天。不断强化货运驾驶员安全行车意识体验式培训。通过酒驾模拟驾驶器、醉酒眼镜等先进设备,制造视觉与平衡的落差,让驾驶员亲身感受酒驾的危害。利用模拟安全带碰撞体验仪,使其明白安全带的重要作用。通过播放 3D 影片,使其身临其境地感受到事故发生时的震撼场面。利用动感模拟驾驶器,模拟高仿真度的复杂路况、道路交通突发事件、车辆故障、恶劣天气等驾驶环境。着重加强从业资格管理信息化系统建设,实现从业人员从业资格申请受理、考核管理、信誉管理的信息化。物流运输企业要根据驾驶员的工作表现,从驾驶员产值、安全行车、维修费用、服务态度、客户意见等各方面进行定期考核和奖励处罚。道路运输管理机构要对货运驾驶员进行信誉管理,详细考核驾驶员在信誉评定周期内的安全生产、服务质量和经营行为等方面的失信行为累计记分情况,对驾驶员进行信誉等级评定管理。

第二节 区域物流联动工程

基于新疆地广人稀、绿洲分散的地理条件,首先,要实现区域范围的综合交通设施有效链接,提高区域物流的通达性和服务效率。其次,要更多地打通通向周边国家或地区的多元化的物流大通道,全面实现与经济相对发达地区的互联互通和畅通链接,为商品物资高效移动提供综合交通基础设施支撑。只有实现多元化、多层次的区域链接,才能有效发挥新疆的地理区位优势,才能有效提高区域经济社会的运行效率,才能全面提升新疆在全国经济发展中的向西开放桥头堡地位。最后,区域物流的网络化水平越高,其物流综合效益就越高,社会物流成本就越低。作为一个系统性特征十分明显的产业领域,物流行业通过全面的网络化才能有效发挥其资源配置效用。因此,多层次、多方式的联动发展是新疆区域体系建设的重要方向。

一、多种运输方式联动发展

依托铁路、公路、航空和管道等国际运输大通道的基础条件，有效串联通道上各个节点，推进运输组织方式优化升级，构建物流、信息流、商流的集成性通道，全面推进多式联运提升工程。通过多式联运将各种运输方式的优点结合起来为客户提供物流服务，在合适的时间内以经济的成本将合适的货物送达合适的目的地，从而为客户创造更多的价值、缩短待运时间、减少转运风险。以提高货物运输集装化和运载单元标准化为重点，积极发展大宗货物和特种货物多式联运。完善铁路货运线上服务功能，推动公路甩挂运输联网。制定完善统一的多式联运规则和多式联运经营人管理制度，探索实施"一单制"联运服务模式，引导企业加强信息互联和联盟合作。加快完善货运枢纽多式联运服务功能，支持运载单元、快速转运设备、运输工具、停靠与卸货站点的标准化建设改造，加快多式联运信息资源共享，鼓励组织模式、管理模式和重大技术创新，培育一批具有跨运输方式货运组织能力并承担全程责任的多式联运经营企业。

大力发展公铁、空铁、甩挂等多式联运，提高物流效率。整合乌鲁木齐市监管资源，建设公路运输货物关检联合集中查验场所，提高国际公路运输货物的通关效率，推动海关多式联运监管模式创新，加快发展国际多式联运，建设乌鲁木齐多式联运海关监管中心。推广甩挂运输，在全疆开展甩挂运输试点工作，以乌鲁木齐、喀什、霍尔果斯、奎屯等城市为枢纽节点，建设覆盖全疆的甩挂运输网络，采用甩挂运输与铁路驮背运输、铁路集装箱运输相结合的多式联运，丰富甩挂运输货源。

大力发展集装箱物流，不断提高适销产品比重，在重点铁路货场、机场和公路港建设一批大型货物转运站和集装箱中转站，提高货物换装的便捷性。支持公铁物流联盟的构建，搭建公共运作平台，建立公铁物流信息共享、货源集结、运作管理等配套体系，促进物流高效、便捷化运作，降低社会物流成本。改造建设一批具备多式联运条件以及有利于城际运输和城市配送长短有机结合的物流基础设施，提高物流集散能力。大力发展集装箱、甩挂等运输方式，提高综合运输水平。

二、国内与国际联动发展

新疆要为国家向西通道建设发挥更多的区域服务和综合平台支撑作用，为我国向西陆路国际物流发展做出更多区域贡献。要加快推进新疆—中亚、俄罗斯国际货运班列常态化运行，适时开通新疆—土耳其、新疆—伊朗、新疆—白俄罗斯等国际货运班列，逐步形成以铁路货运班列为主的跨境物流大通道。加强新疆与周边国家之间交通规划、技术标准体系的对接，推进建立统一的运输协调机制，降低国际运输成本，提高运输效率。围绕新疆丝绸之路经济带商贸物流中心建设，组建由中铁、德铁、哈铁、俄铁等多方参与的国际联运平台，发展境外物流网络集散中心，与丝绸之路经济带主要城市、物流园区和边境口岸实现互通互联。积极推进丝绸之路经济带南通道和中巴经济走廊物流通道建设，着力提升与周边区域互联互通水平。

三、新疆与内地联动发展

新疆首先要与西部各省（区、市）实现规划衔接，互补合作，推动丝绸之路经济带国内段联动发展。西部各省（区、市）均处在丝绸之路经济带国内段的节点区域，但各省（区、市）参与经济带建设的优势、职能、定位又相互区别，尤其是在产业基础及优势方面存在较大差异。为避免经济带产业发展中的省级区域间的重复建设，突出产业差别化，西部各省区应互补合作，建立省级区域的联动协调机制，做到合理分工、优势互补。为此，新疆要依托自身在丝绸之路经济带建设中的战略定位、战略重点、优先顺序和主攻方向等，编制发展战略，并加强与内地各省城市发展、基础设施建设、产业布局等专项规划的对接。通过东西部联动等机制增加西部科技创新力量，深入实施东部城市对口支援西部人才开发工程。值得一提的是，新疆有全国支援工作机制，要充分利用全国各省（区、市）支援新疆的工作机制，加大与各省（区、市）的多元化互联互通，有效提高新疆区域发展各类资源的配置效率。

四、南疆与北疆联动发展

从区域发展水平来看，新疆北疆地区物流业比较发达。这是由于乌鲁木齐和天山北坡经济带的奎屯、伊宁等城市及阿拉山口和霍尔果斯口岸都位于北疆地区。南疆的物流发展业比较滞后，交通节点城市和县域专业商贸市场构成了南疆区域物流的主流形态和基本特点。因此，要积极推进物流业的南北疆交流与合作，打破区域壁垒，引导物流资源跨区域整合，建立统一开放、通畅高效的现代物流市场体系。天山南麓物流聚集区以库尔勒为核心，发挥辐射带动作用，完善体制机制，昆仑山北麓物流聚集区主要依托第二条出疆大通道和中巴经济走廊建设，打通连接内地和南疆的物流大通道，促进沿线矿产开发、农产品加工等行业物流发展，与天山南麓物流聚集区形成遥相呼应、协调互动的发展格局。要全面提升喀什经济开发区的综合物流基础设施，提高产业服务能力和对外经济贸易服务水平，在中国—中亚—西亚经济走廊物流通道建设中发挥更重要作用。通过加快南疆与北疆的多元化直线通道等基础设施建设，加速推进南北疆区域物流的联动发展。

五、地方与兵团联动发展

不断提高地方各县市与新疆生产建设兵团各师市之间的互联互通水平和融合发展，全面提高新疆区域物流的网络化发展水平。推动物流产业合理布局，优化分工和生产要素分布，促进区域协调发展。推动物流园区兵地共建和物流企业合作发展。加强兵地物流的衔接协调，支撑兵地融合发展。加强兵团和地方之间商贸物流、交通运输、邮政物流、电商快递物流、供销物流和应急物流等部门物流的相互衔接，促进物流业态融合发展。推进地方（城市）城际公路和垦区、团场连接地方县（市）公路建设，建立互联互通的公路运输格局。此外，依托丝绸之路经济带、中巴经济走廊、中蒙俄经济走廊，以口岸为开放前沿，以沿边城市为腹地支撑，加快兵地融合，大力发展油气、农产品和部分矿产品国际商贸物流。

六、城市与农村联动发展

科学配置区域物流资源，推进物流与产业、城镇融合发展，促进各运输方式的深度融合，充分发挥比较优势和组合效率。合理配置城乡物流资源，推进城乡配送中心、农超对接等工作，打造便利、快捷、高效的城乡一体化物流服务网络，促进城乡要素平等交换和合理配置，健全城乡协调发展体制机制，推进新型工业化、城镇化、信息化和农业现代化同步发展，在协调协同中拓展发展空间，在加强薄弱领域建设中增强发展后劲，破解城乡二元结构，实现城乡协调。整合县、乡、村三级物流网络资源，形成合力，实现多元化物流配送体系的有效衔接和融合发展。

七、央企与地方联动发展

区域各经济体之间（地方、石油等中央、自治区单位）以股权多元化为载体，增强经济联系，释放物流经济发展活力。进一步盘活供销、邮政、物资储备等领域原有物流设施，加强改造升级，加快传统仓储设施改造和功能转型，提高存量资产使用效率。搞好央企与地方在铁路、管道等重大物流基础设施建设和运营方面的对接与合作。铁路部门要积极参与地方经济建设，对于地方政府重点支持的物流园区、工业企业物流设施，需要与铁路接轨的，应当积极支持，在接轨政策和运力计划安排上给予倾斜。积极支持工业企业和物流企业改造提升现有铁路专用线资源，实现铁路和地方经济良性互动发展。

第三节　农产品溯源体系工程

物联网体系建设是新疆农牧业现代化的未来方向，是新疆农业转型升级、高级化发展的必然趋势。农产品溯源体系建设是农业物联网体系建设的重要组成部分和关键要素之一。新疆独特的气候、地理条件形成了干旱区的绿洲农业产品体系，这些产品在品质、品相、功能等方面都具有一定的区域特色，形成了重要的地理标志产品体系。要巩固和发展新疆的特色农业，必须全面构建新疆的农产品溯源体系，用先进信息化手段和质量管理手段，保障新疆特色农业的可持续发展。作为农业大区和绿洲农业特色区域，新疆要积极探索和尝试建设农产品溯源体系，在全国率先开展试点和示范工程，为全面普及溯源体系积累经验和案例，解决溯源体系建设中的一系列技术问题、操作问题、运营问题和政策引导问题等。

要以构建新疆特色农产品追溯体系为目标，按照生产有记录、信息可查询、流向可跟踪、质量可追溯的基本要求，运用二维码等信息技术，建成全区共享的农产品质量安全追溯管理信息系统，将生产基地的质量安全信息，检验检测信息，产品质量及流向动态，农产品生产、用药、施肥、采收信息，部门监管信息等实现互联互通和资源共享，为转变新疆农业发展方式、提高新疆农业发展质量发挥积极作用。积极创建国家农产品质量安全省区，将"农产品质量安全可追溯体系"建设作为创建的一项重要工作来抓。

一、超前高起点谋划新疆农产品溯源体系建设

农产品溯源体系建设对新疆农业农村现代化、食品安全体系建设、农业电子商务发展、特色农产品商品化发展和市场开拓意义重大，需要从自治区党委和政府的层面超前谋划和高位推动。这是一项长远的系统工程，需要打造好发展条件和基础，做好示范试点工作，抓好工作推进体制机制的建设和科学技术的保障支撑。同时，农产品溯源体系建设会倒逼农业生产的标准化发展、规范化发展和高质量发展。由于新疆的农业资源体系和特色农产品条件，新疆拥有开展溯源体系建设的优越条件，必须高度重视，强有力推进，为新疆未来农业现代化打下关键基础。此外，溯源体系建设也是提高新疆农产品资源市场转化效率和商品化效率的重要手段，要务必高起点谋划和建设，创造新疆特色农业发展的应有价值，为国家重要农产品供应做出更多新疆贡献。要设立一批有效支持新疆农产品溯源体系建设的科技攻关项目和市场运营项目，超前探索整体区域性溯源体系建设的模板和案例，为新疆大规模开展和普及溯源体系框架奠定重要的基础。

二、优先启动特色农产品追溯体系示范项目

新疆农产品质量安全追溯体系建设必须立足当前新疆农业标准化生产的现状逐步推进，先期在"三品一标"认证的农业生产企业、合作社、家庭农场和县级以上示范性农业生产主体中选择标准化程度高、产业基础好、产品竞争力强的单位及产品进行可追溯建设试点，在总结经验的基础上，逐步向全区推广普及。先期要依托哈密瓜、吐鲁番葡萄、库尔勒香梨等特色产品，示范性设定一批特色农产品进行追溯体系建设，以全面保障和维护新疆特色农产品的地理商标权益，不断提升新疆特色农产品的市场定位和形象价值，全面优化新疆特色农产品的营销渠道。建立全覆盖的追溯子系统，推动特色农产品包装和标识的标准化，健全监管平台，有效监督肉、水果、蔬菜流通行业的屠宰、批发、零售等环节，完善特色农产品质量安全可追溯制度。

三、逐步完善农产品追溯体系综合配套工作机制

依托新疆食品药品监督管理局、农业部门、经济信息化部门、质量检测部门以及专业化信息平台运作机构，构建迎合全区特色农产品质量安全追溯体系发展要求的公共性追溯管理信息系统平台。构建涉及众多行业管理部门、生产企业主体、物流配送主体和最终消费者群体的公共性对接平台，完善农产品质量安全追溯平台网站和农产品质量安全追溯监管系统、农产品质量安全检测系统、农产品生产管理信息系统、农业投入品备案与实名销售系统、农产品质量安全信息服务等系统模块，形成集生产、检测、监管、追溯于一体的覆盖全区特色农产品质量安全的追溯管理系统。实现监管工作网络化、全程化、社会化、信息化"四位一体"，实行内外网分别管理，外网面向公众，内网由政府和有关管理部门使用。强化追溯点主体的软硬件配套，运用物联网、互联网技术，以追溯到责任主体为基本要求，进一步建立健全以二维码监管为核心的质量追溯体系。

第四节　物流国际化工程

物流国际化是新疆区域物流发展的必然方向，是新疆区域物流体系建设的一大特色，是新疆未来物流产业转型升级的重要潜力。在丝绸之路经济带背景下，全面发挥新疆的核心区功能，就必须大力开辟和发展国际物流，通过多层次的国际标准、规则和装备体系，提升新疆区域物流的发展水平，为国家向西开放和贸易发展做出更多区域贡献。要围绕推进大通道大物流建设，加快构建国内、国际无缝衔接的跨区域物流网，引导资源要素规模化流动，做大做强跨境物流规模，打造高质量跨境物流服务体系，带动大贸易、大产业发展。

一、高起点谋划新疆国际物流体系建设

按照共建"一带一路"倡议长远设想和新疆区域物流的战略功能定位，高起点谋划新疆国际物流体系建设，为国家向西开放战略和新疆区域跨越式发展提供高效的物流产业支撑。空间规划是新疆国际物流发展的重大关键因素之一。围绕未来丝绸之路经济带建设需求和新疆区域经济社会发展需求，对我国向西开放的国际物流潜力有一个前瞻性判断，并做出国际物流布局建设的一个根本性的规划部署。要全面梳理新疆现有的重大通道项目和国际物流通道意向项目，为未来物流通道建设和沿线产业聚集区建设留足土地等重要建设空间。同时，各类陆港城市建设和国际航空物流基地建设是新疆许多丝绸之路经济带沿线节点城市的未来发展方向。对此，要在区域空间规划、城市规划等层面留足充分的土地资源等空间，用于大型国际化的基础设施建设。新疆的荒漠地带适合建设超大规模的物流集散基地，因此，也要为大型国际物流集散中心建设留足土地资源等空间。要高度关注铁路、公路、航空、管道等综合运输设施的匹配建设和联动运行，超前谋划好各类综合基础设施的链接可能性和可行性，留足充分的土地资源等空间。要努力做到大型国际物流基地、大型国际交通场站、

大宗物资物流园区、城乡商贸物流配送中心、大型仓储基地等重大设施的空间错位建设和有效畅通连接运行。要考察调研好国内外超大规模建设的一些标志性重大物流设施工程的案例和模板，超前思考和规划新疆国际物流发展空间体系。

二、建设好中欧班列集结中心

按照"稳定、巩固、提升"的要求，增强中欧班列（乌鲁木齐）集结中心辐射能级，拓展中欧班列开行国家和城市，深化与沿线城市"集拼集运""一体化运营"合作。结合新疆外向型经济发展需要，以乌鲁木齐国际陆港区作为双向开放核心枢纽港，以各地（州、市）中心城市为区域枢纽港，以重点边境口岸为口岸门户港，完善综合保税区、保税物流中心、公共型保税库等多层次国际物流基础设施服务体系，加强进口消费品国际贸易和进口资源加工产业发展，打造联通国内国际"双循环"的陆港枢纽网络体系。

进一步优化运输组织形式，重点推进铁路枢纽设施建设，发展国际联运、国际货运代理、金融服务、物流信息服务等配套服务，建成集聚辐射全疆，面向中亚、西亚和欧洲的国际铁路集散中转中心。推进跨境铁路的协调对接，促进国际铁路便利化。推进建立统一的运输协调机制，降低国际运输成本，提高运输效率。积极推动与铁路合作组织、国际铁路联盟、世界海关组织、万国邮政联盟等国际组织的合作，建立统一互认的单证格式、货物安全、保险理赔、通关便利、数据共享等相关规则和技术标准，提高班列运行质量和效率。加强与国外铁路协作，建立班列运行信息交换机制，强化班列全程监控，联合铺画全程运行图，压缩班列全程运行时间，达到日均运行1300公里左右的运输水平。

完善运输服务模式，围绕物流链全流程，强化运输、仓储、配送、检验检疫、通关、结算等环节高效对接，提供"一站式"综合服务。鼓励公路等运输方式与中欧班列有效衔接，打造全程化物流服务链条。建立中欧班列客户服务中心，为客户提供业务受理、单证制作、报关报检、货物追踪、应急处置等服务。参照货物监管方式，结合国际邮件特性，推行国际邮件"属地查验、口岸验放"模式。大力推进电子化通关，加强与国外邮政、海关、检验检疫、铁路部门合作，推进邮递物品海关监管互认。设立若干国际邮件铁路口岸重点交换站，加快推进中欧班列进出口国际邮件相关工作，实现国际邮件常态化运输。进一步优化国际铁路运邮作业组织、通关和换装流程，提升邮件运输时效，改善数据反馈的及时性和准确性。根据跨境电商的运输需求，采用拼箱运输方式，协调国外铁路、海关和检验检疫等部门，推行电子快递清单，研究开展中欧班列国际快件运输。拓展国际代理采购、国际保险理赔、货物质押等增值服务。利用综合保税区布局优势，支持跨境货物加工与转口贸易。

三、发展多种运输方式国际物流体系

发挥公路短途周转速度快的优势，大力发展跨境公路班车及卡航业务，优化运输组织线路，推广国际甩挂运输。扩大对"全球性跨境货物运输通关系统"（TIR）使用的批准，放宽相关许可证发放，引导更多运输企业参与跨境公路运输班车业务。发挥新疆地处亚欧地理中心的区位优势，以乌鲁木齐国际机场为核心，以喀什、伊宁国际机场为支撑，打造联通欧亚航空物流集群，全面提升航空物流的国际化功能和对外开放水平，高水平打造"空中丝绸之路"战略支点。提升沿边口岸开放能力水平，提高口岸服务能级和效率，构建顺畅的国际物流协调机制。推动建设面向中亚、西亚、南亚和欧洲的货物集散地，发挥乌鲁木齐、喀什、阿拉山口跨境电商综合试验区作用，形成覆盖全疆、联通欧亚的双向国际寄递通道网络和服务体系。拓展跨境铁路寄递通道，实现中欧班列运邮常态化。鼓励和引导邮政快递企业加强与国际电子商务企业、境外快递企业合作，设立海外分支机构和海外仓、边境仓，大力拓展境外业务，提升跨境运输组织和供应链一体化服务能力。

第五节　物流信息公共平台工程

提高信息化装备水平是区域物流发展的一个重要方向，未来的区域物

流发展将更多地实现信息技术对物流产业的深度渗透和装备化提升。其中，物联网发展和信息化平台建设是物流信息化的一些关键因素。构建区域性物流信息公共服务平台是区域物流社会化水平提高的重要标志，也是助推第三方物流蓬勃发展的重要手段。要全面提高社会物流的运行效率，必须做到物流信息大数据平台的建设和有效运行，实现所有货物和运输信息、服务企业个体随时有效衔接。要大力发展区内的公路运输，加快城乡经济融合发展，就必须搭建覆盖全区的物流信息公共服务平台，提高物流市场信息的获取效率和信息对称性，打破区域分割和行业分割，全面提高物流信息的市场化匹配效率。对此，要积极打造政府牵头，各方市场主体有效参与，专业机构有效运作的物流信息公共服务平台。整合各部门物流相关信息资源，推进与物流相关的政务信息系统的协调与开放，有效实现市场信息集成、相关政务信息发布与交流等功能，构建全市物流信息采集、交换、共享机制。

一、打造区域性公共物流信息化平台

全面发挥政府的主导作用和产业引擎作用，依托市场环境已经形成的、具有一定市场竞争力的社会物流信息平台，打造具有区域性物流信息共享功能和市场信息完全对接功能的公共信息化平台，以提高整体社会物流信息的开放水平和市场机制配置能力。要统筹解决区域性公共物流信息化平台建设中的技术问题、资金投入问题和运营管理问题，必须采取扶持龙头信息化企业的措施，更有力地发挥市场机制对物流信息资源的配置作用。按照"政府推动、政策配套、市场运作、企业经营"的原则，依托现有各类信息平台资源，整合相关部门或企业公共性物流基础信息数据，建设面向全社会、全行业的综合性公共物流信息平台，并支持物流或相关企业开发基于公共物流信息平台的物流信息增值服务。依托政府财政资金扶持项目或企业专项投资项目，实现区内各物流聚集区、节点市县、各大型物流企业、政府各部门的物流信息对接，实现资源共享、数据共用、信息互通。加快优势重点产业、行业、物流聚集区域的物流信息建设，逐步形成以信息技术为支撑的现代物流服务体系。

二、增强公共信息化平台对中小物流企业的服务功能

依托大型物流园区和重点物流企业，鼓励龙头物流企业搭建面向中小物流企业的物流信息服务平台，促进货源、车源和物流服务等信息的高效匹配，有效降低货车空驶率。重点发展公路物流信息平台，实现物流供需双方的有效对接，提高公路运输的组织效率。建设智能物流信息平台，形成集物流信息发布、在线交易、数据交换、跟踪追溯、智能分析等功能于一体的物流信息服务中心。鼓励各类企业加快物流信息化建设，深化信息技术在物流各环节的应用。引导大型物流企业开发应用企业资源管理系统、供应链管理、客户关系管理等先进物流管理系统。

三、加强跨区域、跨行业平台互联互通

提高区域性信息化平台与全国性信息化平台的技术兼容性、设备兼容性和管理兼容性效率，积极打造物流信息化统一市场平台。整合现有物流信息服务平台资源，形成跨行业、跨区域的智能物流信息公共服务平台。依托国家交通运输物流公共信息服务网络等已有平台，开展物流信息化区域合作。新疆要在全国范围率先开发建设公共物流信息平台，并与国家交通运输物流公共信息平台管理中心全面对接，成为全国交通运输物流公共信息平台的新疆节点。以新疆物流公共信息平台为基础，扩大平台应用和对外交流合作，逐步实现新疆交通运输物流公共信息平台与周边省（区、市）物流公共信息平台无缝对接，形成物流一体化信息系统。加强综合运输信息、物流资源交易、电子口岸和大宗商品交易等平台建设，促进各类平台之间的互联互通和信息共享。

第十三章

新疆区域物流体系建设的保障措施

区域物流体系建设，总体上涉及物流产业的宏观调控和物流市场资源配置两大层面，其中物流产业宏观调控由相关政府职能部门实施，通过规划、政策和制度建设规范引导行业的可持续发展。作为流动性程度较高的产业部门，所有物流活动原则上是由市场机制来进行配置的，社会物流供求关系通过物流市场的资源配置实现均衡可持续发展。

针对新疆区域物流的整体发展而言，进行广泛深刻的产业体制改革是重要的工作方向。要实现区域物流业的高质量发展，必须进行相对深刻的管理体制和市场体制改革，更多地发挥政府的有效调控和市场的决定性资源配置作用。物流管理体制改革是经济体制改革的重要组成部分，某种程度上涉及国民经济所有行业部门的物资流动，因此牵涉面比较广，运行过程比较复杂，需要强有力的工作体制机制来统筹管理。关键是综合物流基础设施要统筹规划和建设，为区域经济社会运行提供十分便利的基础设施条件。

区域物流体系的构建需要充分集聚各种要素来发挥综合效应，发挥制度保障对基本要素、支撑要素、功能要素及市场要素等的指导作用，坚持与时俱进的同时认清国内外经济形势和变化趋势，构建真正适合区域物流发展的体制机制体系。在区域物流发展的具体措施制定上，强化政府对物流宏观环境、监管体系等的协调，优化发展物流的土地、税费、财政、产业、融资等政策环境，规范物流行业市场有序性、推动物流企业自律性管理、强化服务专业化与标准化、推进信息化和网络化建设、推广物流企业新技术应用的行业管理。因此，完善的工作体系、政策体系和制度体系是区域物流发展战略得到贯彻落实的重要前提和保障。

第一节　组织保障

组织保障是区域物流宏观调控的体制基础，涉及区域物流管理体制的设计、机构职能的设计、区域物流规划的制定与实施、物流发展政策的制定与实施、区域物流市场的多措施调控、物流产业发展资金的配置、物流产业项目的管理、物流制度体系建设等方面。没有组织保障，区域物流产业管理和有序发展便无从谈起。

一、加强组织领导

切实加强新疆现代物流业高质量发展的组织领导，建立由自治区党委或自治区人民政府办公厅牵头，发展改革、交通、商务、工信、自然资源、海关、铁路、民航、邮政管理以及兵团相关部门等共同参与的现代物流发展工作联席会议制度，形成组织有序、分工合理、权责明确、协调配合的制度化常态化多部门协同联动工作机制。围绕物流经济发展，建立会议议事、工作协调、专家咨询、重点企业联系、统计调查、信息通报、督促检查、责任考核等相关制度。自治区发展改革委负责提出物流枢纽建设的整体战略、园区规划，推进重大物流基础设施建设，会同有关部门制定现代物流产业发展的配套政策。自治区工业和信息化厅负责指导和推进工业物流发展，协助推动公铁多式联运，推进制造业与物流业联动发展，发展物流装备制造业。自治区公安厅负责物流业治安管理信息系统建设，加强公路运输推进超限超载治理，建立城市配送车辆分类管理机制，解决城市配送车辆通行、停靠难等问题。自治区财政厅负责加大财政支持物流产业发展资金投入，积极争取中央和省级财政支持自治区物流枢纽建设和物流产业发展。自治区自然资源厅负责衔接国土空间规划，研究促进物流业发展的有关用地政策。自治区国资委、自治区金融办、自治区市场监管局、自治区住房和城乡建设厅、自治区统计局、自治区税务局、自治区供销合作社、自治区邮政管理局和其他市级部门按职能职责做好相关工作。

自治区交通运输厅负责交通运输与物流体系的协同推进，牵头推进交通运输物流通道建设，配合推进物流枢纽建设，开展多式联运、甩挂运输示范工程，配合制定城市配送车辆通行管理办法。自治区农业农村厅负责推进特色农产品物流园区建设和农产品冷链物流服务体系建设，支持冷链物流企业发展。自治区商务厅负责推进商贸物流体系建设，统筹国际物流、智慧物流、电商物流发展，组织龙头企业培育和认定及建设物流综合信息平台，协调口岸建设并推动口岸通关便利化等。

二、完善工作机制

围绕推进物流产业高质量发展，建立上下联动、部门协同的协调推进机制，完善相关的例会机制、通报机制、监督机制。领导小组办公室定期召开会办会，听取各专项工作进展情况汇报，及时协调解决工作推进中的困难和问题，明确阶段性工作任务。自治区级各牵头部门和项目属地县（市、区）人民政府，国家级、自治区级开发园区管委会要按照重点任务分工，细化工作方案，明确具体工作目标和完成时限。建立按月报告、季度会商和半年年终总结报告制度，各责任单位要积极配合牵头单位开展工作，相互配合、相互协作，积极争取国家的政策措施，合力推进建设任务落实。加强对全区现代物流业发展重大举措、重大问题、重大政策的统筹协调，形成强有力的工作推进合力。探索创新物流行业治理新模式，理顺现代物流业管理体制机制，鼓励有条件的地州、县市成立现代物流业发展服务和促进机构。

三、强化项目支撑

积极主动与国家部门沟通协调，对规划建设、新开工、在建、竣工投产的物流园区（项目）和物流产业重点招商引资项目进行认真梳理，谋划、研究、梳理、储备一批关系全局和长远发展的项目，建立重大物流项目库和物流产业招商引资项目库，并强化跟踪服务，做好物流项目投资统计监测工作。主动对接项目业主，合理安排项目建设时序，统筹安排工程建设进度。完善项目推进机制，对重点目标任务实行项目化管理，强化对项目的跟踪管理和协调服务，推动项目顺利实施。强化全产业链招商，以世界百强物流企业以及中国 50 强物流企业为引资重点，谋划一批建链、补链、强链的物流项目，加快引进一批国内外具备较强综合竞争力的物流企业落户自治区。各地州、市县要落实主体责任，按照"一企一案"要求，加强对签约引进重大项目、重点企业的全程动态跟踪和服务，确保签约项目早落地、早开工、早投产。用好用活用足各类支持政策，对年度招商引资成绩突出的地州、市县，重大招商引资项目业主，成功引进重大物流产业项目的招商引资中介机构按照有关规定给予表彰奖励。

第二节 综合政策保障

产业政策是区域物流产业规范化、高效发展的重要调控手段。要建立和完善涉及市场准入、资金、土地、科技、人才等多种要素的物流产业政策体系，强化政策的服务功能。研究出台支持物流业高质量发展的政策文件，重点突出导向性和系统性，在构建互联互通物流通道、提升枢纽集聚辐射能力、发展特色物流、培育壮大物流企业、优化物流业发展营商环境等方面制定一批精准聚焦、可操作的有效扶持措施。

一、多渠道增加产业资金投入

各级政府在财政资金安排上，统筹设立物流业发展专项资金，加大对现代物流业发展的支持力度。要充分发挥专项资金的引导作用，并建立健全多元化的融资渠道，为新疆建设丝绸之路经济带核心区现代物流示范区提供必要的资金保障。自治区统筹安排现代物流业发展专项资金，制定专项资金资助管理办法。创新专项资金资助引导方式，对国家引导资金进行配套、采取补助或贴息等方式，重点用于发展物流业关键领域。各地州、县市、开发区应安排相应的财政专项资金扶持和引导现代物流业。专项资金以补助、奖励、贴息等方式，主要用于支持自治区认定的重点物流园区建设、重点培育的物流企业发展、物流公共信息平台建设、制造业与物流业联动发展、智慧物流建设、物流技术改造升级（采用物流管理信息系统、自动分拣系统等先进物流技术和设备）、物流标准化、物流统计体系建设、物流人才教育培训、物流发展研究等领域。积极争取国家在中央财政促进物流业发展专项资金、中央投资补助和贷款贴息等方面对重点物流项目的扶持政策。

多渠道统筹各类专项资金，优先支持重大公共物流基础设施、集疏运体系、物流信息化和标准化建设等项目。加大对物流企业"走出去"、国际货运班列、冷链物流、智慧物流、航空物流、城乡配送、供应链创新等细分领域的支持。鼓励金融机构开展存货质押、仓单质押等业务，探索电子仓单质押融资服务。努力开拓多元化融资渠道，鼓励和支持银行业等金融机构建立符合物流业特点的内外部信用评级体系，对企业灵活授信，商业银行探索多种抵押及担保方式，加快开发面向物流企业的多元化、多层次信贷产品，鼓励对物流企业开展信托、融资租赁、创业投资等各类金融服务。

逐年增加自治区级物流业发展专项资金，并对涉及物流业发展的各项资金进行导向性使用。通过建立重点物流项目库，积极组织企业和项目申请国家物流业相关扶持资金。由自治区物流业发展领导小组在每年年初召集相关部门协调国家级专项资金（基金）的申报。充分应用国家和部委对物流业发展的相关优惠和扶持政策，按照对口原则，由自治区对口部门负责，每年积极争取财政部国家储备库、应急物流体系建设等专项建设资金，交通运输部物流园区建设专项基金，农业农村部的农村物流业和冷链物流业扶持专项基金，工业和信息化部信息化建设专项基金的支持。对采用物流信息系统、开展物流标准化试点的，优先列入各级政府科技创新资金和技术改造项目计划，享受相关优惠政策。支持符合条件的物流企业和提供物流技术服务的企业申请高新技术企业认定并享受相关扶持政策。

二、加大土地政策支持力度

充分认识物流节点设施作为社会基础设施的功能，强化用地保障。做好规划衔接协调，将物流业发展规划纳入地方经济发展、城乡发展和土地利用总体规划,及时落实土地使用指标。加强物流发展规划与国土空间规划的协同衔接,支撑和保障物流发展空间。加大物流用地政策保障,鼓励地州、市县政府利用有效载体和多种渠道整合盘活存量土地资源,用于物流。对列入国家、自治区级、自治州的重点物流项目,要优先安排土地使用指标。新增物流项目根据类型、规模划分,由市现代物流业发展领导小组认定后,尽可能集中布置,节约物流用地。

在编制土地利用规划和城市规划时,对纳入规划的物流重点项目用地给予重点保障,涉及农用地转用的,可在土地利用年度计划中优先安排。对政府供应的物流用地,应纳入年度建设用地供应计划,依法采取招标、拍卖或挂牌等方式出让。积极支持利用工业企业旧厂房、仓库和存量土地资源建设物流设施或提供物流服务,涉及原划拨土地使用权转让或租赁的,应按规定办理土地有偿使用手续,经批准可采取协议方式出让。土地出让收入依法实行"收支两条线"管理。

三、完善各项税收优惠政策和价格政策

税务部门要抓紧完善物流企业营业税差额纳税试点办法,并在总结试点经验、完善相关配套措施的基础上全面推广。结合增值税改革试点,尽快研究解决仓储、配送和货运代理等环节与运输环节营业税税率不统一的问题。研究完善大宗商品仓储设施用地的土地使用税政策,既要促进物流企业集约使用土地,又要满足大宗商品实际物流需要。物流企业在综合保税区、出口加工区投资用于自营物流设施建设和技术改造购置的进口设备,经认定后可享受免征关税和进口环节增值税的优惠政策。对市重点扶持的物流产业园区在税收政策上,实行"核定基数、超收全返、一定三年"体制。对剥离物流业务的工商企业实行各项减免扶持政策。

规范和降低农产品批发市场、农贸市场的摊位费等相关收费,必要时按法定程序将摊位费纳入地方政府定价目录管理。清理和禁止零售商、超市等向供应商收取违反国家法律法规的通道费用,切实降低商品流通成本。对物流企业生产运营时段的用电、用水、用气价格与工业企业基本保持同价。

四、大力发展物流教育，培养一流物流人才

随着世界经济环境、市场环境、技术环境的变化和国家社会经济发展，物流产业所处的环境相应地演变为复杂多变。要解决物流业发展中的问题，提高特定区域和企业群体在国际物流市场上的竞争力，必须加强物流人才的培养，为新疆物流业的发展奠定人才基础。对此，新疆高校要主动联合发达地区高校及社会培训机构，在新疆全面构建基于学历教育、继续教育和岗位培训的多元化人才培养体系。将大学教育作为物流人才培养的最主要途径和核心渠道，加大大学阶段专业培养力度，为物流行业市场提供源源不断的人才资源。科学设计物流学科门类、教学目标、课程体系、评价体系，全面保障物流教育的教学质量。根据地区市场需求和未来产业发展需求，有针对性地设置教学课程，有针对性地配备教师和教材资源，有针对性地提供实战实习平台。提高学科教育的实践操作性，为学生提供充分的行业实践机会，促使学生全面掌握行业的基本知识和技术技能，在保障市场环境人才需求的同时，不断提高物流专业毕业生的就业率。

加大社会层面物流教育培训机构的建设力度，形成一批多层次的社会化物流培训体系。让更多的专业化培训机构参与物流认证教育，积极参与和促进各类物流企业的人才培训工作。加大企业自身层面的职业教育培训力度，充分利用高校和社会培训资源以及企业自身的人力资源培训资源，全面加强职工业务培训，分层次培养各类管理人才和技术人才，不断充实和保障企业紧缺的人力资源。物流培训教育机构要加大产学研结合力度，要与企业、政府建立密切的合作伙伴关系，全面提高物流教育资源整合水平。

大力推动物流产业研究机构发展，构建服务于物流市场体系的咨询、规划、专业化评估、专业认定等社会化服务平台，加强各类人才资源的专业化培养和汇集，依托自身科研资源，为物流产业体系的建设和转型升级提供各类可行性解决方案。鼓励物流教育机构加强与欧美发达国家和地区科研教学机构的合作交流，联合培养世界一流的物流人才，以应对未来丝

绸之路经济带物流可持续运行人才需求。

第三节　改革保障

改革是新疆区域物流跨越式发展的突破口，也是必须选择的重要路径。在我国先行经济体制背景下，没有改革，就没有区域物流体系的深刻变革，也无法全面降低社会物流的运行成本。新疆这样相对欠发达的地区，要赶上发达地区区域物流发展水平，要增强区域物流竞争力，改革是唯一的出路和突破口。

一、深化物流领域"放管服"改革

加快政府职能转变，探索建立物流领域审批事项"单一窗口"，破除制约物流降本增效和创新发展的体制机制障碍。整合资源、规范管理，优化完善物流园区和专业市场建设规划。研究出台相关政策，引导商户进驻专业市场，推动市场集聚发展。建立大件货物运输审批会商机制和城市配送货物运输和通行审批，提高物流效率，壮大物流产业。建立、完善物流业监测分析体系和督查考核评价机制，建立重点物流企业名录库，强化物流企业对物流产业发展的主体作用。按照"只进一扇门""最多跑一次"原则，简化物流、快递企业开展业务的行政审批手续，重点加强事中事后监管，最大限度地减少对物流企业业务创新的制约。放宽企业住所和经营场所登记条件，鼓励物流企业网络化经营布局。优化快递业务经营许可管理，进一步精简审批材料、提高审批效率、压缩审批时限。全面实施快递末端网点备案管理，减轻贫困地区企业开办末端网点负担。规范加强物流业信用体系建设，推进实施守信联合激励和失信联合惩戒。深入推进治理车辆超限超载联合执法常态化、制度化工作，严格执行国家统一的公路货运车辆超限超载认定标准。

二、进一步深化物流基础设施体系建设改革

持续加大新疆航空、铁路、高速公路、管道等基础设施的建设力度，

不断强化和提升新疆在丝绸之路经济带建设中的核心区功能。重点打造新亚欧大陆桥，建设中国—中亚—西亚、中巴等重大经济走廊和重要物流通道，着力推进铁路、高速公路等重大对外交通通道的设计和建设。在现有铁路、公路物流体系建设的基础上，要高度重视新疆航空物流的发展，加大物流机场的建设力度，不断提高新疆特色产品和电商产品的流通效率，尤其是着力构建联通南北疆重点节点城市的航空物流运输体系，有效抵消新疆绿洲经济分散带来的流通劣势和交通成本问题。在全疆空间经济层面加大乌鲁木齐、哈密、库尔勒、喀什、伊宁、塔城、若羌等重点物流枢纽市县的建设力度，在这些重要节点市县重点打造基于航空、铁路、公路、管道的多式联运体系和综合性物流产业基地，加快这些市县商贸物流产业要素的集中和产业链的完善，使其成为核心区商贸物流中心和交通枢纽中心建设的战略支点城市。不断加大新疆边境地区口岸群的基础设施建设力度，全面提高外向型经济发展平台的运行效率。依托物流枢纽和节点市县构建全方位高效运行的物流通道，不断提高节点和线路的网络化发展层次，最终为流通体系的高效运行创造更加有力的发展环境。按照国家相关规划的指导，提高流通体系信息化装备水平，构建产业覆盖率较高的物流公共信息化平台，不断提高商贸物流供求信息的衔接效率，从而加速流通产业的实际运行效率。

三、推进商贸物流市场体系建设改革

依托新疆的城市化发展条件、产业发展条件和对外贸易发展条件，有序构建多层次的生产资料市场体系和生活资料市场体系，以全面满足新疆经济社会的发展需求和外向型经济的发展需求。加大大中型城市和口岸城市各种要素市场的规范化建设力度，建设配套物流、仓储和配送体系等，不断提高商业聚集区的流通辐射能力。条件允许的大中城市加快特色商业区、步行街、特色小镇等商业业态的发展，不断提升城市商业环境的发展层次。依托乡村振兴背景，大力加快特色农产品的交易市场体系建设，不断提高冷链仓储和物流配送能力，努力实现分散农户与大市场的有效衔接。全面恢复和鼓励发展城市夜市、城镇地摊经济和农村巴扎等原始市场形态，为个体商业者提供更多灵活就业创业岗位，激活市场要素，方便群

众生活，进一步繁荣消费市场。统筹好社会稳定、安全生产、城市环境管理等，全面改善和优化城乡商业发展环境，全力保障流通产业可持续发展。加大重点商品交易市场的多渠道招商引资力度，引进更多中央企业、国有企业、上市公司、商业巨头、"小巨人"企业等，不断提高商业流通领域的投资水平，丰富新疆的商业发展业态，着力培育一批具有一定市场竞争能力的商业零售企业群体。通过加大"放管服"改革力度，破除一些阻碍商品经济有效发展的地区分割和行业分割，全面提高城乡市场的对接水平，加速与全国统一市场的一体化发展。

四、加快物流业态创新培育发展

围绕供给侧结构性改革、制造业生产和销售、居民消费和购买以及流通产业自身优化升级等需求，全面加大流通体系的创新力度，不断强化流通体系的服务功能，统筹加快新疆物流产业的高质量发展。结合新疆的商贸物流产业发展特点，着力创新大宗商品多式联运体系、特色农业冷链物流体系、旅游商品和旅游服务体系、乡村消费品供销体系的运行模式，不断提高物流体系的运行效率，不断增强物流体系对区域发展的推动作用。要及时跟踪流通领域新技术、新业态、新模式，推动互联网、物联网、大数据、人工智能、区块链与流通业有机融合，加快培育新动能。鼓励发展智慧城市、智慧社区、智慧商圈、智慧商店等建设，不断提高智慧流通发展水平。依托商贸专项发展资金等产业扶持渠道，形成一批具有典型示范意义的创新型行业业态和示范企业，通过引领示范加快物流产业创新进程。在现有基础设施条件下，积极探索铁路快运的发展模式，不断提升铁路物流发展水平。通过政策支持手段和平台打造等方式积极引进航空物流公司落地新疆，开辟多方向的疆内外航空物流线路，力求在"十四五"期间新疆货运机场建设取得突破性进展。按照绿色物流发展要求，大力提倡和推动物流运输车辆、设备等环境的绿色运行管理，不断提高低碳物流发展水平。全面加大应急物流体系的建设力度，围绕社会经济安全、生产安全和人民健康安全等构建多元化、多层次的应急物流要素体系，不断提高社会经济健康持续运行水平。不断创新政府采购模式，增强政府采购能力，提高政府规模化采购水平。